Thematischer Grundwortschatz

Afghanisch / Dari

مهمترین کلمات عمومی دری و آلمانی

Thematisches Lern- und Nachschlagebuch

von

Noor Nazrabi

BAND 1

Afghanistik Verlag

Social Business Verlag

Kabul | Herat | Mazar | Kandahar | Hamburg

Bibliografische Information der Deutschen Nationalbibliothek
Die Deutsche Nationalbibliothek verzeichnet diese Publikation in der Deutschen Nationalbibliografie; detaillierte bibliografische Daten sind im Internet über http://dnb.d-nb.de abrufbar.

Afghanistik Verlag - Social Business Verlag

Afghanistik Verlag Produktinfos und Shop: www.afghanistikverlag.de
E-Mail: info@afghanistikverlag.de

Umschlaggestaltung Noor Nazrabi
Satz Noor Nazrabi

Titelfoto Kufic Calligraphy, Flickr.com, Creative Commons-Lizenz © Seier + Seier
Rückseite Photo Kufi c Calligraphy, Flickr.com, Creative Commons-Lizenz © Seier + Seier

Printed in Germany.
ISBN 978-3-19-348024-8

Der thematische Grundwortschatz bietet Ihnen in 13 Kapiteln, 88 Unterkapiteln und 100 Themenbereichen die Möglichkeit, Ihren Wortschatz systematisch und umfassend nach Themenbereichen zu erweitern.

Themen und Schwerpunkte
Die Auswahl der Themen in BAND 1. Grundwortschatz erleichtert interessierte Leser, sich mit den wichtigsten Wörtern auseinanderzusetzen und diese gezielt in bestimmten Situationen einzusetzen.

Sichere und korrekte Aussprache
Die vereinfachte Lautschrift im Inhaltsverzeichnis und der phonetischen Umschrift der Dari Wörter, erleichtert die richtige Aussprache. Diese Voraussetzungen erfüllt das Nachschlagwerk, um die Wörter korrekt auszusprechen.

Redensarten und Volksweisheiten
Um nicht nur die Vokabeln zu lernen, wird der Leser zusätzlich mit den schönsten Redensarten in den jeweiligen Themenbereichen eingeführt. Die Redensarten veranschaulichen die Denk- und Lebensweisen der afghanischen Völker.

Dari und Deutsch - Register
Mit dem Deutsch - Dari Register kann der Leser gezielt nach Vokabeln nachschlagen, wo Sie die Bedeutung und Aus-sprache dazu finden.

Hamburg, im August 2018

Noor Nazrabi

Persisch

Dari	Name	Umschrift	Dari	Deutsch
ص	Sâd	s	sobh	morgen
ض	Zâd	z	zarar	Schaden
ط	Tâ	t	tefl	Kind
ظ	Zâ	z	hâfeza	Gedächtnis
ع	Ayn	a,e,o	omid	Hoffnung
غ	Gyn	gh	gharib	arm
ف	Fe	f	famil	Familie
ق	Qâf	q	qadam	Schritt
ك	Kâf	k	kas	jemand
گ	Gâf	g	gul	Blume
ل	Lâm	l	lab	Lippen
م	Mim	m	mâdar	Mutter
ن	nun	n	nân	Brot
و	Wâw	Wâw	wazir	Wasir
ه	Wâw	h	hame	alle
ي	Jâ	i,j	yek	eins

(abszg.) abschätzig
(abwd.) abwertend
(ähnl.) ähnlich
(altprs.) altpersisch
(app.) Appell
(äq.) äquivalent
(arab.) arabisch
(auff.) auffordernd
(bed.) Bedeutung
(bekl.) Sprichw. beklagendes Sprichwort
(bes.) besonders
(bldspr.) bildungssprachlich
(blg. sprichw.) beiläufiges Sprichwort
(bosh. Sprichw.) boshaftes Sprichwort
(bwg.) beschwichtigend
(dgl.) dergleichen
(dicht.) dichterisch
(einschl.) einschließlich
(ermah.) ermahnend
(Erkl.) Erklärung
(erwidd.) erwidernd
(frdl.) freundschaftlich
(fam.) familiär
(gauspr.) Gaunersprache
(höfl.) Höflichkeitsform
(hist.) historisch
(geh.) gehoben
(humor.) humorisch
(iron.) ironisch
(jrg.) Jargon
(kinderspr.) Kindersprache
(Erz.) erzieherisch
(led.) ledigen
(landw.) landwirtschaftlich
(mahn.) mahnend
(mundartl.) mundartlich
(pers.) Persisch / Dari
(phil.) Philosophie / Lebenshaltung
(rel.) religiös
(rhetr.) rhetorisch
(slp.) salopp
(sark.) sarkastisch
(scherzh.) scherzhaft
(seufz. Wdg.) seufzende Wendung
(sonst.) sonstige
(Reli.) Religion
(spött.) spöttisch
(tröst.) tröstend
(übertr.) im übertragenen Sinn
(vera.) veraltet
(verw.) verwandt
(vgl.) Vergleich
(vulg.) vulgär
(Ugs.) umgangssprachlich
(usw.) und so weiter
(Umschr.) Umschrift

absagen	رد کردن	*rad kardan*
addieren, sammeln	جمع کردن	*dscham kardan*
akzeptieren	قبول کردن	*qabul kardan*
anmelden	ثبت نام کردن	*sabt nâm kardan*
anreden	خطاب کردن	*ghetâb kardan*
anrufen	تلفن کردن	*telfon kardan*
anschauen	تماشا کردن	*tamâscha kardan*
anschwellen	ورم کردن	*waram kardan*
(sich) anstellen	استخدام کردن	*estekhdâm kardan*
(sich) anstrengen	زحمت کشیدن	*zahmat kaschidan*
(sich) anziehen	پوشیدن	*puschidan*
arbeiten	کار کردن	*kâr kardan*
aufhören	بس کردن	*bas kardan*
aufmachen	باز کردن	*bâz kardan*
ausfüllen	پر کردن (فرمولار)	*por kardn*
ausruhen	استراحت کردن	*esterâhat kardan*
ausschalten	خاموش کردن	*khâmusch kardan*
auswendig lernen	از یاد حفظ کردن	*az yad hafz kardan*
Auto fahren	رانندگی کردن	*rânendagi kardan*
befehlen	امر کردن	*âmr kardan*
besetzen	اشغال کردن	*eschghâl kardan*
bestellen	فرمایش دادن	*farmâisch dâdan*
beten	دعا کردن	*dowâ kardan*
bewusst werden	آگاه شدن	*âgâha schodan*
bewusst werden	درک کردن	*dark kardan*

binden	بستن	*bastan*
blasen	وزیدن	*wazidan*
bleiben	ماندن	*mândan*
brennen	سوختن	*suktan*
bringen	آوردن	*âwardan*
danken	تشکر کردن	*taschakor kardan*
denken	فکر کردن	*fekr kardan*
diskutieren	بحث کردن	*bahs kardan*
einschalten	روشن کردن	*ruschan kardan*
entschuldigen	بخشیدن	*bakhschidan*
erziehen	تربیت کردن	*tarbijat kardan*
essen	خوردن	*khurdan*
fallen	افتادن	*oftâdan*
festnehmen	دستگیر کردن	*dastgir kardan*
finden	یافتن	*jâftan*
fliegen	پریدن	*paridan*
fliegen	پرواز کردن	*parwâz kardan*
fragen	پرسیدن	*porsidan*
fragen	سئوال کردن	*sowâl kardan*
geben	دادن	*dâdan*
gehen	رفتن	*raftan*
gründen	تاسیس کردن	*tâsis kardan*
haben	داشتن	*dâschtan*
heben	بلند کردن	*boland kardan*
heiraten	ازدواج کردن	*ezdewâdsch kardan*
helfen	کمک کردن	*komak kardan*

hinausswerfen	بیرون کردن	*birun kardan*
hören	شنیدن	*schonidan*
jagen	شکار کردن	*schukâr kardan*
kaufen	خریدن	*kharidan*
kennen	شناختن	*schenâkhtan*
kochen	پخته کردن	*pokhta kardan*
kochen	آشپزی کردن	*âschpazi kardan*
kommen	آمدن	*âmadan*
kratzen	خاریدن	*khâridan*
küssen	بوسیدن	*busidan*
lachen	خندیدن	*khandidan*
laufen	دویدن	*dawidan*
legen	گذاشتن	*gozâschtan*
lernen	آموختن	*âmokthan*
lesen	خواندن	*khândan*
machen, tun	کردن	*kardan*
nähen	دوختن	*duktan*
nehmen	گرفتن	*gereftan*
öffnen	باز کردن	*bâz kardan*
produzieren	تولید کردن	*taulid kardan*
rechnen	حساب کردن	*hesâb kardan*
rennen	دویدن	*dawidan*
reparieren	تعمیر کردن	*tarmim kardan*
rutschen	لغزیدن	*laghzidan*

sagen	گفتن	*goftan*
schenken	بخشیدن	*bakhschidan*
schlafen	خوابیدن	*khâbidan*
schlagen	زدن	*zadan*
schließen	بستن	*bastan*
schneiden	بریدن	*boridan*
schreiben	نوشتن	*neweschtan*
sehen	دیدن	*didan*
sein	بودن	*bodan*
senden	فرستادن	*ferestâdan*
sitzen	نشستن	*neschastan*
spielen	بازی کردن	*bâzi kardan*
sterben	مردن	*mordan*
suchen	جستجو کردن	*doscht dschu kardan*
Tee machen	چای دم کردن	*tschai dam kardan*
teilnehmen	اشتراک کردن	*eschterâk kardan*
tragen	بردن	*bordan*
trinken	نوشیدن	*nuschidan*
üben	تمرین کردن	*tamrin kardan*
überraschen	غافلگیر کردن	*ghâfelgir kardan*
überweisen	حواله کردن	*hawâla kardan*

verkaufen	فروختن	*forukhtan*
verstehen	فهمیدن	*fahmidan*
versuchen	کوشش کردن	*kuschesch kardan*
vorsichtig sein	احتیاط کردن	*ehtjât kardan*
wachsen	رشد کردن	*roschd kardan*
wählen	انتخاب کردن	*entekhâb kardan*
wegnehmen	بردن	*bordan*
wehen	وزیدن	*wazidan*
werden	شدن	*schodan*
werfen	انداختن	*andâkhtan*
wiederholen	تکرار کردن	*trekrâr kardan*
wissen	دانستن	*dânestan*
wollen	خواستن	*khâstan*
zahlen	پرداختن	*pardâktan*
zählen	شمردن	*schomordan*
zeigen	نشان دادن	*neschân dâdan*
ziehen	کشیدن	*kaschidan*
zurückkehren	برگشتن	*bargaschtan*

KAPITEL 1

DER Mensch und Sein Wesen

1. 1	PERSÖNLICHE ANGABEN	معلومات شخصی
1. 2	ÄUSSERE ERSCHEINUNGEN	ظاهر بیرونی
1. 3	EIGENSCHAFTEN UND CHARAKTERE	شخصیت و صفات
1. 4	LEBENSEINSTELLUNG	طرز تفکر زندگی
1. 5	POSITIVE EIGENSCHAFTEN	خصوصیات مثبت انسان ها
1. 6	NEGATIVE EIGENSCHAFTEN	خصوصیات منفی انسان ها

1.1 Persönliche Angaben

هرکس جای خود را دارد.

Har kas dschâi khod ra darâd.

[Jeder hat seinen Platz.]

Jeder ist Individuell und einmalig.
Kann weder jemanden ersetzen noch ersetzt werden

Mann, der	مرد	*mard*
Frau, die	زن	*zan*
Säugling, das	طفل شیرخوار	*tefl schier khor*
Kind, das	کودک	*khodak*
Junge, der	پسر	*pesar*
Mädchen, das	دختر	*dokhtar*
männlich adj.	مردانه	*mardana*
weiblich adj.	زنانه	*zanäna*
Nationalität, die	ملیت	*meljat*
Staatsbürger, der	شهروند	*scharwand*
Staatsbürgerschaft, die	تابعیت	*tabiejat*
Herkunft, die	وطن اصلی / منشا	*minscha / watan asli*
Geschlecht, das	جنسیت	*dschensayat*
Nachname, der	تخلص	*takhalus*
Vorname, der	نام	*nâm*
Person, die	شخص	*schakhs*
Familienstand, der	وضعیت فامیلی	*wasjat famili*
Geburtsdatum, das	تاریخ تولد	*târiekh tawalod*
Geburtsort, der	محل تولد	*mehal tawalod*
Adresse, die	آدرس	*âdrass*
Telefonnummer, die	شماره تلفن	*schumara telfon*
Wohnort, der	محل اقامت	*mahal âqamat*

1.2 Äußere Erscheinung

ظاهر انسان آینه باطن اوست.

Zahir ânsan âjina batun auest.

[Die Äußerlichkeit des Menschen ist der Spiegel seines Inneren.]

Die Handlungen und Verhaltensweisen der Menschen geben Aufschluss über ihre eigentliche Motivation und innere Einstellung.

Aussehen, das	چهره	*tschera*
Figur, die	اندام	*ândam*
fett adj.	چاق	*tschaq*
äußere adj.	ظاهر	*zâhr*
dünn adj.	باریک	*bârik*
kräftig adj.	قوی	*quwi*
groß adj.	بزرگ	*bezorg*
klein adj.	کوچک	*kho-tschak*
Größe, die	بزرگی	*bozorgi*
Typ, der	نوع	*nauwa*
Gesichtsausdruck, der	حالت صورت (چهره)	*halat zurat (Tsche-raha)*
blass adj.	کم نگ	*kam rang*
beschreiben	تشریح کردن	*tschera kardan*
hellhäutig adj.	پوست روشن	*ruschan post*
dunkelhäutig adj.	سیاه پوست	*sijâh post*
Eindruck, der	برداشت	*bardascht*
hübsch adj.	قشنگ	*qaschang*
hässlich adj.	بدقواره	*bad qawâra*
dunkelhaarig adj.	موی سیاه	*saya mui*

1.3 Eigenschaften und Charaktere

نه به آن شوری شور نه به این بی نمکی.

Na ba âb schurie, na ba hien be namaki.

[Weder versalzen noch zu fad.]

Ein gesunder und ausgeglichener Charakter besteht weder aus extremen noch aus zu schwach ausgeprägten Merkmalen.

Optimismus, der	خوش‌بینی	*khoschbini*
optimistisch adj.	خوش‌بین	*khoschbien*
Hoffnung, die	امید	*omid*
Hoffnungslosigkeit, die	ناامیدی	*na omidi*
Eifersucht, die	حسادت	*hesâdad*
eifersüchtig adj.	حسود	*hasud*
verachten	تحقیر کردن	*taqer kardan*
verantwortungsbewusst adj.	وظیفه شناس	*wazifa schneâs*
wünschen	آرزو داشتن	*ârzu dâschtan*
begehren	تشنه ی چیزی بودن	*teschneh tscheze bodan*
sich sehnen nach	دل‌تنگ شدن برای	*del tang schoden barâje*
interessant adj.	جالب	*dschâleb*
ertragen	تحمل کردن	*tahmul kardan*
tolerieren	مدارا کردن	*modâra kardan*
dulden	صبر / تحمل / حوصله کردن	*sabr / tamul / hausula kardan*
anbeten	عبادت کردن	*ebadat kardan*
Bedürfnis, das	احتیاج	*etijâdsch*
Drang, der	فشار/ تمایل شدید	tamoil schdad/ *feschaar*
Stimmung, die	خلق, حالت	*helaat, kholeq*
Verhalten, das	رفتار	*raftâr*
gewöhnlich adj.	عادی	*âdi*

1.4 Lebenseinstellungen

حاجی که از حج برگشت، مار بود اژدهار گشت.

Hâdschi ke az hâdsch bargascht mar bud aschdâr gascht.

[Der schlangenartige Hadschi verwandelt sich nach seiner Rückkehr zum Banditen.]

(phil.) Ein schlechter Charakter verbessert sich selten;
nicht mal nach der Pilgerfahrt das Haus Gottes besucht hat.

Charakter, der	شخصیت	*schakhsiat*
Pessimist, der	بدبین	*badbini*
Optimist, der	خوش‌بین	*khoschbin*
Materialist, der	ماتریالیستی	*mâterjalesti*
Romantik, die	رمانتیک	*romantek*
Idealist, der	خیال پرستی	*khiyâl parasti*
introvertiert adj.	درونگرایی	*dirun garâie*
extrovertiert adj.	برونگرایی	*birun garâie*
Heuchler, der	دو رو / ربا کار	*ruba kaar / du rui*
Konzentration, die	تمرکز	*tamorkoz*
Hypochonder, der	خیالی	*khâyali*
Perfektionist, der	دقیق کار	*daqhieq kâr*
Menschenverstand, der	فهم آدمی ، فهم بشر	*fahm âdami*
Verhalten, das	رفتار	*raftar*
verhalten	رفتار کردن	*raftar kardan*
Fanatiker, der	آدم متعصب	*âdami motasoheb*
Mentalität, die	طرز تفکر	*tarz tafekr*
Atheist, der	بی‌خدا	*bekhodâ*
sich gewöhnen an	عادت کردن به	*adat kardan*
melancholisch adj.	افسرده	*afsurda*
Zyniker, der	آدم زخم زبان‌دار	*âdami zakhm zebandar*
Pazifist, der	صلح طلب	*sohltalab*

1.5 Positive Eigenschaften

آدم تا آدم نبیند، آدم نمیشود.

Âdam ta âdam nabienad, âdam nameh- schod.

[Der Mensch, der Menschlichkeit nicht gespürt hat, wird nicht zum Menschen.]

(phil.) Menschlichkeit entsteht durch Zuneigung, Wärme und gegenseitigem Verständnis.

Gutherzigkeit, die	خوش قلب، مهربان	*mehrababahn, khusch qalb*
Philantrop, der	بشردوست	*baschardost*
Toleranz, die	شکیبایی	*schekhajajih*
Mitgefühl, das	همدردی	*hamdardi*
Hilfsbereitschaft, die	کمک‌رسانی	*komak rasani*
Intelligenz, die	هوشی	*husch*
Emotion, die	احساسات	*ehsâhâst*
Offenheit, die	صراحت	*serhât*
Loyalität, die	وفاداری	*wafadari*
Selbstbewusstsein, das	خود آگاهی	*khod âgâhi*
Entschlossenheit, die	قاطعیت	*qasajat*
Zuverlässigkeit, die	اطمینان	*etmienân*
Treue, die	وفاداری	*wafadari*
Ehrlichkeit, die	صداقت	*sâdeqhat*
Fairness, die	انصاف	*insâf*
einfach adj.	ساده	*sada*
nett adj.	مهربان	*mehrabân*
Fleiß, der	کوشش	*kuschesch*
hilfsbereit adj.	آماده کمک	*âmda komak*
arbeitsam adj.	پرکار	*por kâr*
nachsichtig adj.	باگذشت، برد بار	*bardbar, bazgschat*
clever adj.	هوشیار	*huschjâr*
emotional adj.	احساساتی	*ehsâsâti*

1.6 Negative Eigenschaften

عاقبت گرگ زاده گرگ شود گرچه با آدمی بزرگ شود.

Aqebat gorg zâda gorg schod, gâr tsch ba âdamie bozorg schod.

[Am Ende wird aus dem Wölfchen ein Wolf, auch wenn es vom Menschen aufgezogen wurde.]

(volksspr.) Manche Menschen kann man das Gute nicht anerziehen.

böse adj.	مضر	*mozur*
faul adj.	تنبل	*tambal*
egozentrisch adj.	خود خواه	*khod khâhi*
unordentlich adj.	نامنظم	*nâ monazam*
aggressiv adj.	تهاجمی	*tahdschumi*
ruhig adj.	آرام	*âhrâm*
Unpünktlichkeit, die	وقت‌نشناس	*waqt nâschnas*
Dummheit, die	حماقت	*ahmâqat*
Rücksichtslosigkeit, die	بی‌ملاحظگی	*be masuljahati*
untreu adj.	بی‌وفا	*biwafa*
naiv adj.	ساده	*sâda*
Unzuverlässigkeit, die	غیر قابل اعتماد	*qhair qabul etimad*
Gemeinheit, die	پستی	*pasti*
stur adj.	سرسخت	*sar sakht*
rachsüchtig adj.	انتقام جو	*ente-qâmdschu*
Kompetenzlosigkeit, die	ناتوانی	*nâ tawanaie*
destruktiv adj.	ویرانگر	*wairan kâr*
eifersüchtig adj.	حسود	*hasud*
engstirnig adj.	کوته فکر / نظر	*kuta fekr / nazar*
mutlos adj.	کم جرات	*kam dschorat*
Narzissmus, der	خودپرستی	*khod parasti*
radikal adj.	افراطی	*afrâti*
Opportunist, der	سازشکار ، فرصت طلب	*firsat qhalab, saz schukar*

KAPITEL 2

LEBENSABSCHNITTE

2.1 Geburt bis Jugend

همهٔ ما از بند یک تنبان ایم.

Hamâ mâ az jak band yak tombanaem.

[Wir alle sind (stammen) aus derselben Hosenschnur.]

(phil.) Wenn Familienmitglieder ihren gemeinsamen Ursprung betonen.

Erwachsene, der	بالغ	*bâlgh*
Junge, der	پسر	*pesar*
Mädchen, das	دختر	*dokhtar*
Mensch, der	انسان	*ânsan*
Jugend, die	دوران جوانی	*dauran dschwân*
Heranwachsende, der	نوجوان	*nau dschwân*
Jugendliche, die	جوان, نوجوان	*nau dschwân, dschwâna*
Kindheit, die	دوران طفولیت،کودکی	*kodaki, daurwan teflijat*
geboren werden	تولد شدن	*tawalod schodan*
wachsen	رشد کردن	*roschd kardan*
aufwachsen	بزرگ شدن	*bozorg schodan*
Pubertät, die	دوران بلوغ ، سن بلوغ	*daurân belough*
Geburt, die	تولد	*tawalod*
kleiner Junge	پسر بچه	*pesar batscha*
Leben, das	زندگی	*zendagi*
jung adj.	جوان	*dschwân*
gebären	زاییدن	*zajedân*
Waise, die	یتیم	*yatem*
erwachsen adj.	بالغ شدن	*bâlgh schodan*
Schwangerschaft, die	حاملگی	*hâmlagi*
adoptieren	به فرزندی گرفتن	*ba farsandi gereftan*
Jugendlichkeit, die	جوانی	*dschwâni*

2.2 Die mittleren Jahre

در جوانی زحمت بکش تا در پیری راحت باشی.

Dar dschawâni zahmat bekasch ke ta dar pirie râhat baschi.

[Bemühe dich in der Jugend, damit du im Alter Ruhe hast.]

(Erz.) Wer die Kraft seiner Jugend für fleißige Arbeit nutzt, kann später von den früheren Erfolgen profitieren.

مراحل متوسط زندگی

alt adj.	پیر	*pir*
Erwachsener	بزرگ سال	*bozorg sâl*
Bestimmung, die	قسمت، سرنوشت	*sarnauscht , qesmatt*
Lebensweise, die	روش زندگی	*rauwesch zendagi*
Epoche, die	دوران	*dauran*
senil adj.	کهنسال	*kohna-sâl*
senil werden	سالخورده شدن	*sâl khurda schodan*
mittlere Alter, das	میان سال	*majan sen*
Generation, die	نسل	*nasell*
altern	پیر شدن	*pir schodan*
erben	به میراث گذاشتن	*ba miras gozâschtan*
Erbschaft, die	میراث	*miras*
Wechseljahre, die	دوران یائسگی	*dauraan-e yaasenghi*
in die Rente gehen	تقاعد کردن	*kardan taqâhid*
Rentner, der	متقاعدی	*motaqâhidi*
Rente, die	تقاعد	*motaqâhidi*
Pensionär, der	متقاعد	*motaqâhidi*
in die Pension gehen	متقاعد شدن	*motaqâhid schodan*
Senior, der	کلان سال	*khalân sâl*
Altersdurchschnitt, der	اوسط سن	*ausjat sen*

2.3 Sterben und Tod

دنیا محل گذراست

Donjâ mehal gozur ast.

[Welt ist Ort des Vergehens.]

(phil.) Niemand und kein Gegenstand bleibt einem am Ende übrig.
Jeder stirbt ohne weltliche Dinge mitzunehmen.

sterben	فوت کردن	*fauad kardan*
Beerdigung, die	دفن	*dafin*
Grab, das	قبر	*qabr*
beerdigen	به خاک سپردن	*ba khak supordan*
begraben	دفن کردن	*dafin kardan*
Leid, das	رنج	*randsch*
Trauer, die	سوگ	*sokhut*
Schmerz, der	درد	*dard*
sterblich adj.	مردنی	*mordani*
Bestattung, die	خاکسپاری	*khaksupari*
Beileid, das	تسلیت	*taslijat*
Leichnam, der	جسد / جناره	*dschnazi / dschsad*
Mord, der	قتل	*qhatel*
Mörder, der	قاتل	*qhâtel*
Grabstein, der	سنگ قبر	*sang qabr*
Jenseits, das	آخرت	*âhkharat*
Friedhof, der	قبرستان	*qabristan*
Selbstmord, der	خودکشی	*khod koschi*
Totenbett, das	بستر مرگ	*bestar marg*
als Märtyrer sterben	شهید شدن	*schahied schodan*
selbstmord begehen	خودکشی کردن	*khod koschi kardan*
Lebensende, das	پایان زندگی	*pâyân zendagi*

KAPITEL 3

DER MENSCHLICHE KÖRPER

3.1 Körperteile

ج ن جو پادشاهی است.

Jan dschor pâdeschahi ast.

[Ein gesunder Körper ist (fühlt sich) königlich an.]

Gesundheit ist das höchste Gut. Man sollte sie schätzen und nicht als selbsverständlich ansehen.

Augenbraue, die	ابرو	*abru*
Kopfhaar, das	مو سر	*mui sar*
Mund, der	دهان/دهن	*dahân*
Nase, die	بینی	*bini*
Gesicht, das	صورت	*zurat*
Auge, das	چشم	*tschschem*
Ohr, das	گوش	*gusch*
Zunge, die	زبان	*zebân*
Augenlid, das	پلک	*pelk*
Haut, die	پوست	*post*
Augenbraue, die	ابرو	*abru*
Lippe, die	لب	*lab*
Zunge, die	زبان	*zebân*
Stirn, die	پیشانی	*peschâni*
Gehirn, das	مغز	*maghz*
Hals, der	گردن	*gardan*
Taille, die	کمر	*kamar*
Hand, die	دست	*dest*
Bein, das	پا	*pâ*
Brust, die	سینه	*sina*
Zehe, die	انگشت پا	*angoscht pâ*
Speiseröhre, die	مری	*mehri*

3.2 Körperteile

زبان هم راحت است هم بلای جان

Zebân ham râhat dschan ast, ham ballâh dschan.

[Die Zunge ist Bequemlichkeit und Ärgernis des Leibes.]

Die Zunge kann sich sowohl als Bereicherung, Reichtum als auch als Verhängnis und Fluch herausstellen. Es hängt davon ab, ob man sie geschickt und angemessen einsetzt.

Zahn, der	دندان	*dandân*
Finger, der	انگشت	*angoscht*
Daumen, der	انگشت شست	*angoscht schast*
Ellbogen, der	آرنج	*âriendsch*
Nagel, der	ناخن	*nâkhun*
Arm, der	بازو	*bâzu*
Knie, das	زانو	*zânu*
Blut, das	خون	*khun*
Zeh, der	انگشت پا	*angoscht pâ*
Bauch, der	شکم	*schkam*
Herz, das	قلب	*qalb*
Schultergelenk, das	شانه	*schna*
Rücken, der	پشت	*pescht*
Wirbelsäule, die	ستون فقرات	*sutun feqarat*
Hüfte, die	سرین	*sourien*
Atemwege, die	دستگاه تنفسی	*dastgahe tanafus*
Hals, der	گردن	*gardan*
Rücken, der	پشت	*pescht*
Schulter, die	شانه	*schâna*
Hoden, der	خایه	*kâja*
Fuß, der	پا	*pâ*

3.3 Organe

جگر جگر است، دگر دگر.

Dschigar dschigar ast, degar degar.

[Leber (Blut) ist Leber (Blut), andere sind andere.]

(phil.) Eigene Blutsverwandte haben eine höhere Stellung als Fremde.

Knochen, der	استخوان	*ostokhân*
Leber, die	جگر/دل	*dschigar*
Niere, die	گرده	*gorda*
Arterie, die	شریان	*scharjâhn*
Muskel, der	عضله	*hazale*
Organ, das	عضو	*ozu*
Kopf, der	سر / کله	*kala*
Stirnbein, das	استخوان پیشانی	*ostokhân peschâni*
Darm, der	روده	*rouda*
Körper, der	بدن	*badan*
Faust, die	مشت	*moscht*
Leib, der	جسم	*deschesm*
Nasenbein, das	استخوان بینی	*ostkhân bini*
Rachen, der	گلو	*gelo*
Magen, der	معده	*meda*
Nerv, der	عصب	*asab*
Lunge, die	شش	*schisch*
Muskel, der	عضله	*azala*

3.4 Sinn und Wahrnehmungen

شنیدن، کی بود، مانند دیدن.

Scheniedan, kai boud,mânand didan.

[Hören ist nicht wie sehen.]

1. (Geb. / Rhet.) Eine Information zu berichten ist nicht so wertvoll wie Selbstbezeugtes.
2. Das Erzählte hat eine andere Bedeutung und Aussagekraft als es selbst mit eigenen Augen gesehen zu haben.

Sinn, der	حس	*hes*
Gefühl, das	احساس	*eheâs*
wahrnehmen	حس کردن	*hes kardan*
Sicht, die	دید	*died*
sichtbar adj.	آشکار/ مشهود	*aschkâr*
Geräusch, das		*sar wa sada*
Laut, der	صدای بلند	*sada boland*
Klang, der	صوت،صدا	*sada, sout*
klingen	زنگ‌زدن ا	*zang zadan*
Ton, der	آهنگ	*âhang*
Stimme, die	آواز	*âvâz*
Appetit, der	اشتها	*eschtijâ*
ruhig adj.	آرام	*âhrâm*
Geruch, der	بو	*bui khosch*
Wohlgeruch, der	شمیم/بوی خوش	*bui khosch*
sehen	مشاهده کردن	*moschâheda kardan*
Parfüm, das	عطر	*atr*
schmecken	مزه کردن	*maza kardan*
Geschmack, der	مزه	*maza*
probieren	چشیدن	*tschischidan*
Lärm, der	غالمغال	*khâlmakhâl*
lärmen	غالمغال کردن	*khâlmakhâl kardan*

3.5 Gewebe und Zellen

کارد به استخوان رسید.

Kârd ba ostokhân rasid

[Das Messer ist am Knochen angekommen.]

(übertr. / rhetr.) Die Schmerzgrenze ist erreicht.

Gewebe, das	بافت	*bafat*
Augenbraue, die	ابرو	*abru*
Blutdruck, der	فشار خون	*feschâr khun*
Blutgefäß, das	رگ خون	*rag khun*
Brustwarze, die	نوک پستان	*nouk siena*
Haut, die	پوست	*post*
Wimper, die	مژه	*mozschra*
Blutzucker, der	شکر	*schakar*
Nabel, der	ناف	*nâf*
Speiseröhre, die	مری	*mehri*
Zelle, die	حجره	*hudschara*
Biorhythmus, der	بیوریتم	*bouruthem*
Galle, die	زردآب	*zardâb*
Genetik, die	ژنتیک	*jschentik*
Hormon, das	هورمن	*harmoon*
Immunsystem, das	سیستم دفاعی بدن	*system defaie badan*
Samen, der	تخم	*toukhom*
Speichel, die	آب دهان	*âb dahân*
Nerv, der	عصب	*asab*
Blut, das	خون	*khun*

KAPITEL 4

BEZIEHUNG

4. 1	FAMILIE	خانواده
4. 2	PARTNERSCHAFT UND EHE	دوستی و ازدواج
4. 3	FREUNDSCHAFT	دوستی
4. 4	SOZIALE KONTAKTE	مناسبات اجتماعی

4.1 Familie

گوشت از ناخون جدایی نداره.

Guscht az nâkhoun dschodaie nadâra.

[Die (Finger) Haut kannst du nicht von den Nägeln trennen.]

1. (Erz.) Familienmitglieder bleiben immer beieinander und können nicht getrennt werden.
2. (fam.) Blut ist dicker als Wasser.

Mutter, die	مادر	*māder*
Sohn, der	پسر	*pesar*
Tochter, die	دختر	*dokhtar*
Vater, der	پدر	*padar*
Eltern, die	والدین	*wālidain*
Bruder, der	برادر	*barādar*
Schwester, die	خواهر	*khāhar*
Geschwister, die	خواهر و برادر	*khāhar wa barādar*
Opa, der	پدرکلان	*pader kalān*
Oma, die	مادرکلان	*māder kalān*
Großeltern, die	مادر و پدرکلان	*mādar wa padar kalān*
Säugling, das	نوزاد	*nauzâd*
Enkel, der/ Enkelin, die	نواسه	*nauwaza*
Verwandte, die	خویشاوند	*kheschawand*
Neffe, der	برادرزاده	*barādar zada*
Nichte, die	خواهرزاده / دختر	*khāhar zada*
Cousin, der	پسر خاله / پسر عمه	*pesar khla / hama*
Cousine, die	دختر خاله/دختر عمه	*dokhtār khla / hama*
Stamm, der	قبیله	*qabiela*
Tante, die (mütterlicherseits)	خاله	*khla*
Tante, die (väterlicherseits)	عمه	*hama*
Schwiegermutter, die	خشو	*khuschu*
Schwiegervater, der	خسر	*khusur*

4.2 Partnerschaft und Ehe

دختر خان به نام سودا میشه.

Dokhtar khan ba nâm zauda mescha.

[Die Tochter des Landherrn wird durch seinen guten Namen verkauft.]

(Erz.) Der Ruf und der Stand des Vaters entscheiden darüber, wer die Tochter heiraten wird.

verlieben	عاشق شدن / دل باختن	*ehscheq schodan*
heiraten	عروسی کردن	*arusi kardan*
Hochzeit, die	عروسی	*arusi*
Ehevertrag, der	نکاح نامه	*nikka nâma*
Trauung, die	عقد	*aghd*
Ehemann, der	شوهر	*schauhar*
Ehefrau, die	زن	*zan*
Bräutigam, der	داماد	*dāmād*
Braut, die	عروس	*arus*
Gattin, die	خانم	*kānom*
Beziehung, die	رابطه	*râbeta*
Trennung, die	جدایی	*dschodie*
Verlobung, die	نامزدی	*nāmzadi*
Flitterwochen, die	ماه عسل	*māh asal*
Witwe, die	بیوه	*biwa*
Verlobungsring, der	چله نامزادی	*tschela nāmzadi*
Geliebte, die	دلبر ، معشوق	*delbar, maschuqa*
Scheidung, die	طلاق	*talāq*
Brautgabe, die	روی نما گی	*rui namāgi*
Trauzeuge, der	شاهد عقد	*schadied aghd*
Ehemann, Ehefrau	همسر/ شوهر	*schauhar / hamsar*
Schamgefühl, das	احساس شرم	*ehsâs scharm*

4.3 Freundschaft

تو نباشی یار من، خدا بسازد کار من.

Tu nabaschi jâre man, khodâ basâzat kâr man.

[Auch wenn du nicht (mehr) mein Freund bist, Gott wird meine Arbeit verrichten.]

(Rhetr.) Entgegnung gegenüber jemandem, der glaubt, ohne ihn könnte keine Aufgabe oder Arbeit erledigt werden.

Freundschaft, die	دوستی	*dosti*
versprechen	قول دادن	*qaoul dâdan*
kennenlernen	آشنا شدن	*âschna schodan*
Nachbar, der	همسایه	*hamsâja*
Bekannte, der	آشنا	*âschna*
Solidarität, die	همبستگی	*hambastagi*
Hilfe, die	کمک	*komak*
Respekt, der	احترام	*ehtrâm*
Vertrauen, das	اعتماد	*etimâd*
Gespräch, das	صحبت	*sohbat*
Unterhaltung, die	سرگرمی	*sargarmi*
Leute, die	مردم	*mardom*
Ehrlichkeit, die	صداقت	*sâdeqhat*
schätzen	ارزش قائل شدن	*ârzesch qâne schodan*
vertrauen	اعتماد کردن	*etimâd kardan*
treffen	ملاقات کردن	*molâqât kardan*
verabreden	قرار ملاقات گذاشتن	*qarar molaqat gozschtan*
Zusammenarbeit, die	همکاری	*hamkâri*
freundschaftlich adj.	دوستانه	*dostana*
Kontakt, der	تماس	*tamass*
Verhältnis, das	رابطه	*râbeta*
Konflikt, der	دعوا ، کشمکش	*kaschmakasch, dauwa*

4.4 Soziale Kontakte

بد قوم باش، بی قوم نه.

Bad qaum basch, bi qaum ne.

[Stamme lieber aus einer schlechten Sippe ab als aus gar keiner.]

(veralt.) Auch schlechte Sippen kümmern sich um einen
und der Mensch ist besser gestellt irgendeine Sippe zu haben, als gar keine.

begleiten	همراهی کردن	*ham râhi kardan*
plaudern	گپ زدن	*gap zadan*
Geschwätz, das / Plauderei, die	کفتگو ، گپ	*gap, guftigou*
Einheit, die	اتحاد	*etihad*
Brüderlichkeit, die	برادری	*brâdari*
Verbindung, die	ارتباط ، تماس	*tamas, ertibât*
einen Gefallen tun	لطف کردن	*loutf kardan*
amüsieren	تفریح کردن	*tafrih kardan*
Spaß, der	شوخی	*schokhi*
verteidigen	دفاع کردن	*defâ kardan*
Geheimnis, das	راز	*râz*
genießen	لذت بردن	*lazat bordan*
Spannung, die	تشنج، هیجان ، تنش	*tanesch, hajadschan, tandschesch*
verlassen	ترک کردن	*tark kardan*
Freizeit, die	تفریح	*tafrih*
förmlich adj.	تشریفاتی	*taschriefâti*
gewöhnen	عادت کردن	*adat kardan*
sich blicken lassen	سر زدن	*sar zadan*
Schulden, die	قرض	*qarz*
leihen	قرض دادن	*qarz kardan*
empfehlen	سفارش کردن	*sefâresch kardan*
ungezwungen adj.	بدون تشریفات	*sâda, betaschriefât*
spontan adj.	ناگهان ،دفعتن	*dafatân, nâgeh hana*

KAPITEL 5

PSYCHE GEIST UND VERHALTEN

5.1 Gefühlswelten

آدم با آدم خوش است.

Âdam ba âdam khusch ast.

[Der Mensch ist unter Menschen glücklich.]

Der glückliche Mensch zeichnet sich durch Geselligkeit aus.

Misstrauen, das	بدگمان بودن	*bad goman bodan*
Misstrauen	بدگمان	*badgomani*
anständig adj.	با ادب	*ba âdab*
scharf adj.	تیز هوش	*tiez husch*
begeistert adj.	به هیجان آوردن	*ba hajdschân âwardan*
ernst adj.	جدی	*dschidi*
beneiden	حسودی کردن	*hasudi kardan*
mitfühlen	همدردی کردن	*hamdardi kardan*
ehrlich adj.	راستگو/صادق	*sadeqh, râstgu*
bedenken	در نظر داشتن	*dar nazar dâschtan*
Haltung, die	طرز برخورد	*tarz-e barkhord*
Gefühl, das	احساس	*ehsas*
Erregung, die	هیجان	*hayedschân*
emotional adj.	احساساتی	*ehsasâti*
spannend adj.	هیجان‌انگیز	*hayedschân ângiez*
Bedürfnis, das	احتیاج	*etijâdsch*
Verdacht, der	شک	*schak*
gefühllos adj.	بی‌عاطفه	*beâtefa*
gleichgültig adj.	بی‌تفاوت	*betaufawat*
desinteressiert adj.	بی‌علاقه	*be hâlqa*
Empfindung, die	احساس	*ehsas*
Bedarf, der	نیاز	*nieâz*

5.2 Negative Gefühle

به عوض اینکه به تاریکی لعنت بفرستید، یک شمع روشن کنید.

Be awaz ân-khe ba târiki lâhnat beferâst, jak scham roschan kunid.

[Statt die Dunkelheit zu verfluchen/verdammen, zünde eine Kerze an.]

(Erz.) Statt Negatives zu denken und in dem Pessimismus zu verfallen, Suche die Hoffnung, Zuversicht und den Glauben in der Zukunft.

احساسات منفی

Horror, der	وحشت	*waschjat*
entsetzt adj.	متاثر	*motaser*
bestürzen	پریشان کردن	*perischân kardan*
traurig adj.	غمگین	*gham-gien*
schreien	فریاد زدن	*faryad zadan*
verrückt adj.	دیوانه	*dewânna*
Stigma, das	داغ ننگ	*dâgh nâng*
vermissen	دل تنگ شدن	*del tang schodan*
Reue, die	پشیمانی	*peschimâni*
sich schämen	شرمیدن	*scharmidan*
Schande, die	عیب	*aib*
enttäuschen	مایوس کردن	*mâyus kardan*
leidtun	تآسف خوردن	*tasuf khuordan*
Kummer, der	غم و غصه	*gham wa khusa*
fürchten	ترس داشتن	*tars dâschtan*
verzweifelt sein adj.	مایوس شده	*mâyus schoda*
Hilflosigkeit, die	ناتوانی	*na tawânâji*
beunruhigen	ناراحت کردن	*nâ rahat kardan*
erschüttern	به لرزه درآوردن	*ba larza dar âuwardan*
traurig adj.	غمگین	*ghamgien*
Verzweiflung, die	مایوسی	*mâyus*
besorgt sein	نگران بودن	*negahrân bodan*

5.3 Positive Gefühle

یک در بسته صد دری دیگر باز

Jak dar basta, sad dar degar bâz.

[Schließt sich eine Tür, öff nen sich Hundert andere.]

(Bldspr.) Eine verpasste Chance oder Gelegenheit bedeutet, dass Hundert weitere ungenutzte Chancen auf einen warten.

Freude, die	خوشحالی	*khoschali*
bevorzugen	برتری دادن	*bar tari dâdan*
bewundern	تحسین کردن	*tasien kardan*
schätzend adj.	قدردان	*qaderdan*
froh adj.	شاد	*schâd*
genießen	کیف کردن	*keif kardan*
gernhaben	دوست داشتن	*dost dâschtan*
genießen	لذت بردن	*lezat bordan*
lächeln	لبخند زدن	*labkhand zadan*
lachen	خنده کردن	*khanda kardan*
lieben	دوست داشتن	*dost dâschtan*
anpreisen / loben	تعریف	*tarief*
mitfühlen	همدردی کردن	*hamdardi kardan*
mögen	میل داشتن	*mahl dâschtan*
nett adj.	با محبت/مهربان	*mehrabâhn*
Vorfreude, die	خوشی پیش از وقت	*khoschi pesch az waqt*
faszinieren	مجذوب کردن	*madschzub schodan*
Genuss, der	لذت	*lezat*
stolz sein	افتخار کردن	*eftkhâr kardan*
mit erhobenem Haupt	سربلند	*sar belând*
zufrieden adj.	راضی ، قانع	*qâne, râzi*
zufrieden sein	راضی بودن	*râzi bodan*

5.4 Denken und Gedanken

تا شمال نباشه، درخت نمی جنبد.

Ta schamâll na buscha derakt nam-dschumbad.

[Ohne Wind bewegt sich kein Baum.]

(Geh.) Alle Dinge im Leben haben Ursachen und Wirkungen und treten in Wechselwirkung auf.

achten	مراعات, رعایت کردن	*morahât, râhjat kardan*
denken	فکر کردن	*fekr kardan*
Erinnerung, die	خاطره	*khâtera*
In Erinnerung rufen	به یاد آوردن	*ba jâd âwardan*
vergessen	از یاد بردن	*az jâd bordan*
scheinen	به نظر آمدن	*ba nazar âmadan*
glauben	باور داشتن	*bewâr dâschtan*
hoffen	امید وار بودن	*omidwar bodan*
vermuten	گمان کردن	*gumân kardan*
wahrscheinlich adj.	احتمالا	*etemalân*
möglich adj.	ممکن	*momken*
unmöglich adj.	غیر ممکن	*gair-e momken*
vielleicht	شاید	*schâjad*
Eindruck, der	برداشت	*barschascht*
erwarten	توقع داشتن	*tawaqo dâschtan*
erkennen	شناختن	*schenktan*
wiederkennen	بازشناختن	*bâz schenkhtan*
Anschein, der	ظاهر	*zâhr*
vorstellen	تصور کردن	*tasweer kardan*
überlegen	فکر کردن	*fekr kardan*
desinteressiert adj	بی‌علاقه	*be hâlqa*
beachten	رعایت کردن	*rahjât kardan*
Einbildung, die	تصور ، خیال	*khiyâl, teswier*

5.5 Fähigkeiten und Fertigkeiten

آتش هر جا افتد راه باز می کند.

Âtasch har dschâ âftad râh bâz kund.

[Wo immer Feuer entbrennt, findet (es seinen eigenen) Weg.]

(Geh.) Eine kluge Person findet einen Weg für jedes Problem und eine Lösung für jede Situation.

Fähigkeit, die	توانایی	*tawânâji*
Fertigkeiten, die	با استعداد، توانایی داشتن	*daschtan tawânâji ,ba estidâhad*
fähig adj.	توان	*tawân*
kompetent adj.	شایسته	*schâyesta*
unfähig adj.	ناتوانایی	*nâtawân*
begabt adj.	با استعداد	*ba estidâhad*
handeln	عمل کردن	*amal kardan*
Anstrengung, die	کو شش, تلا ش	*kohesisch, tahlesch*
bemühen	تلاش کردن	*talasch kardan*
Bemühung, die	تلاش	*khuschesch*
erzielen	هدف گرفتن	*hadaf greftan*
Leistung, die	عملکرد, کار, بازده	*kaar, amalkard*
Errungenschaft, die	دست آورد	*dast âward*
möglich	ممکن	*momken*
Absicht, die	قصد	*qhasd*
fortschreiten	پیشرفت داشتن	*peschraftan daschtan*
Reaktion, die	عکس‌العمل	*aksol âmal*
erreichen	بدست آوردن	*ba dast âwardan*
motivieren	تشویق کردن	*taschwieq kardan*
aktivieren	فعال کردن ،به راه انداختن	*hadaf kardan, ba rah ândkhatan*
entgegnen	جواب دادن، پاسخ دادن	*pasukh dadan, dschauwab dadan*
Entgegnung, die	جواب ، پاسخ	*pasukh, dschauwab*

5.6 Glaube und Religion

بی عیب خدا ست.

Be aib khodâ-ast.

[(Nur) Gott ist makellos.]

(Reli.) Fehler und Makel sind menschlich. Makellos ist nur Gott.
Verachte also Menschen nicht wegen ihrer Fehler.

Mullah, der	ملا	*mullah*
Schicksal, das	تقدیر	*taqdir*
Sünde, die	گناه	*guna*
Quran, der	قرآن شریف	*quran scharif*
Mekka	مکه	*mekka*
Minarett, das	مناره	*menara*
Ramadan, der	رمضان	*ramazân*
Pilgerfahrt / Wallfahrt, die	زیارت رفتن	*zajârat raftan*
Himmel, der	آسمان	*âsmân*
Hölle, die	دوزخ	*dozakh*
Paradies, das	بهشت/جنت	*behescht*
Engel, der	فرشته	*fereschta*
Prophet, der	پیغمبر	*pairumbar*
Teufel, der	شیطان	*schaitan*
Gebet, das	نماز	*namâz*
fasten	روزه گرفتن	*ruza greftan*
beten	نماز خواندن	*namâz khandan*
Moschee, die	مسجد	*masdsched*
Rosenkranz, der	تسبیح	*tasbih*
Seele, die	روح, جان	*dschan, ruh*
Almosen, das	خیرات	*khairat*
ungläubig adj.	بی‌دین	*bedin*

5.7 Philosophie

نگاه درویش عین سوال اس.

Negâh derwisch hain soâl ast.

[Der Blick des Derwisch ist (immer eine) Frage.]

Der Anblick des Armen ist immer mit Verlangen verbunden.

Wahrheit, die	حقیقت	*haqiqat*
Wirklichkeit, die	واقعیت	*wâqijat*
vorstellen	تصور کردن	*taswir kardan*
Vorstellung, die	تصور	*taswir*
bewusst adj.	آگاهانه	*âgâhjiâna*
Sinn, der	معنی	*mahna*
Verstand, der	فهم	*fahm*
Vernunft, die	خرد, عقل	*hqhel, khard*
vernünftig adj.	عاقل, معقول	*mouhqhel, hqhel*
Grund, der	دلیل	*dalil*
Motiv, das	انگیزه	*ânghieza*
Verständnis, das	فهم, درک	*darhk, fahm*
Zufall, der	تصادف	*tasâdof*
berücksichtigen	در نظر گرفتن	*dar nazar greftan*
Wahl, die	انتخاب	*entekhâb*
Möglichkeit, die	امکانات	*âmkânât*
Option, die	اختیار	*ekhtijâr*
Einschätzung, die	سنجش	*sandschisch*
Annahme, die	استنباط	*estansebat*
Vermutung, die	گمان, حدس	*hadss, gumân*
lösen	حل کردن	*hal kardan*
beweisen	ثابت کردن	*sâbet kardan*
folgern	نتیجه گرفتن	*natidscha greftan*

KAPITEL 6

AKTIVITÄTEN

6. 1 HANDLUNGEN UND AKTIVITÄTEN — اقدام و فعالیت روزانه

6. 2 HANDLUNGEN UND AKTIONEN — عملیات و اقدامات

6. 3 DISKUSSION UND AUSTAUSCH — بحث و گفتگو

6. 4 INFORMIEREN UND WISSEN — اطلاعات و دانش

6. 5 STREIT UND AUSEINANDERSETZUNGEN — نزاع و درگیری

6. 6 ALLGEMEINE TÄTIGKEITEN — فعالیت های عمومی

6. 7 EINSTELLUNGEN — فلسفه زندگی

6. 8 ERLAUBEN UND VERBIETEN — اجازه و ممنوع

6.1 Aktivitäten und Handlungen

به یک سیلی صد روی اوگار میشه.

Ba jak sili sad rui augar mescha.

[Mit einer Ohrfeige verletzt man hundert weitere Gesichter.]

Wer den anderen beleidigt oder eine Ohrfeige verpasst, der beleidigt auch dessen Verwandte und Familienmitglieder. Vermeide Beleidigungen, da sie schwere Folgen haben können.

bemühen	کوشش کردن	*kuschesch kardan*
tolerieren	مدارا کردن	*madâra kardan*
Tätigkeit, die	فعالیت	*faljât*
fortsetzen	ادامه دادن	*âmada kardan*
weitermachen	ادامه دادن	*âdâma dadan*
teilnehmen	اشتراک کردن	*eschterâk kardan*
angewiesen	وابسته	*wabasta*
zustimmen	موافقت کردن	*maufaqat kardan*
gutheißen	تایید کردن/پسندیدن	*tajied kardan*
erhellen	روشن کردن	*ruschan kardan*
Schuld, die	گناه	*gunâh*
unbegabt adj.	بی‌استعداد	*be âstidad*
organisieren	سازمان دادن	*sâzmân dâdan*
planen	پلان کردن	*plan kardan*
Plan, der	پلان	*plan*
annehmen	قبول کردن	*qabul kardan*
handeln	عمل کردن	*amal kardan*
bewirken	اثر کردن	*âser kardan*
verhandeln	بحث , گفتگو کردن	*bas, guftigu kardan*
unternehmen	اقدام کردن	*âghdâm kardan*
bewegen	به حرکت در آوردن	*ba harakat dar âwardan*
wagen	جرات کردن	*dschorat kardan*
begleiten	همراهی کردن	*ham râhi kardan*

6.2 Handlungen und Aktionen

زیستن یعنی تلاش کردن.

Ziestan yahne talasch kardan .

[Leben bedeutet, (sich zu) bemühen.]

1. (Phil.) Wandel und Änderungen zeichnen das aktive Leben aus.
2. Im Leben wird dir nichts geschenkt, man muss für alles kämpfen.

Umgang, der	معاشرت	*moâsherat*
handeln	عمل کردن	*âmal kardan*
machen	کردن	*kardan*
benutzen	استفاده کردن	*estefâda kardan*
verwenden	بکار بردن	*bakâr bordan*
einschreiten	مداخله کردن	*modâkla kardan*
Zu Ende bringen	به پایان رساندن	*ba pâyan kardan*
Lage, die (Stimmung)	حالت	*hâlat*
Situation, die	وضعیت	*wasjat*
verändern	تغییر دادن	*takhir kardan*
verbinden	وصل کردن	*wasel kardan*
Maßnahme, die	تدبیر	*tadbier*
bereit adj.	آماده	*âmada*
(sich) anstrengen	زحمت کشیدن	*zahmat kaschiedan*
versuchen	کوشش کردن	*kuschesch kardan*
zusagen	جواب مثبت دادن	*dschwâb mozbat dâdan*
vorbereiten	آماده گرفتن	*âmada greftan*
Vorbereitung, die	آمادگی	*âmâdagi*
Zweck, der	مقصد	*maqsad*
vollkommen adj.	کامل	*khomol*
Gelegenheit, die	فرصت	*forsat*
Ziel, das	هدف	*hadaf*
verfügen	حکم کردن	*hokm kardan*

6.3 Diskussion und Austausch

دست تو خلاص!

Dast tu khalas !

Deine Hände sind frei.

(rhetr.) Wird eingesetzt in hitzigen Diskussionen. Damit wird zum Ausdruck gebracht, man könne machen, was manwill und wozu man fähig ist.

Meinung, die	نظر	*nazar*
Absicht, die	قصد	*qhasd*
Argument, das	دلیل	*dadlil*
Ratschlag, der	نصیحت	*nasjat*
Grund, der	علت	*elât*
Überzeugung, die	باور / قناعت	*qanayat / bâwar*
argumentieren	دلیل آوردن	*dalil âwardan*
erklären	تشریح کردن	*taschri kardan*
schildern	بیان کردن	*biejân dâdan*
darlegen	توضیح دادن	*tausae dâdan*
vorschlagen	پیشنهاد کردن	*peschneâd kardan*
Einigung, die	توافق	*taufaq*
Einsicht, die	درک	*dark*
Beispiel, das	مثال	*mesl*
dulden	تحمل ، صبر کردن	*tahmoul, sabr kardan*
akzeptieren	قبول کردن	*qabul kardan*
ermähnen	اخطار دادن	*âkhtâr dâdan*
richtig adj.	درست	*dorost*
offensichtlich adj.	آشکار	*âschkâr*
kritisieren	انتقاد کردن	*etiqâd kardan*
transparent adj.	شفاف	*schafâf*
verständlich adj.	قابل فهم	*qâbel fam*
Empathie, die	همدردی	*hamdardi*

6.4 Informieren und Wissen

عالم بی عمل درخت بی ثمر است.

Alem be amal derakht be samar ast.

[Ein Wissenschaftler ohne Ergebnisse ist wie ein Baum ohne Ernte.]

(bldspr.) Ein Wissenschaftler der keine praktischen Ergebnisse hervorbringt, gilt als fruchtloser Baum.

Klartext, der	واضح / آشکار	*aasch kar / wâuze*
unterstellen	متهم کردن	*motahiem kardan*
vorwerfen	تهمت زدن	*tomat kardan*
betreffen	مربوط شدن	*marbot schodan*
Standpunkt, der	دیدگاه	*diedga*
Vorteil, der	فایده	*fâjida*
Sorte, die	نوع ، قسم	*qesm, nauwa*
Weise, die	طریقه, قسم	*qesm, tarehq*
Problem, das	مشکل	*prâblem*
Entscheidung, die	تصمیم	*tasmim*
Lösungsweg, der	راه حل	*râha hal*
eingestehen	اقرار کردن	*âqrâr kardan*
Irrtum, der	اشتباه	*eschtebâ*
Fehler, der	غلط	*ghlat*
Art und Weise, die	طریق	*tarieq*
vermuten	گمان کردن	*gumân kardan*
konkretisieren	مشخص کردن	*moschkas kardan*
Fakt, der / das	واقعیت	*wâqijat*
Gegenteil, das	برعکس	*bar haqs*
Information, die	معلومات	*mâloumat*
informieren	خبر / معلومات دادن	*kabar / mâloumat dâdan*
einen Fehler begehen	اشتباه کردن	*eschtebâ kardan*
vermeiden	اجتناب کردن	*âdschtab kardan*

نزاع و درگیری

6.5 Streit und Auseinandersetzung

جنگ، برای تماشاچی آسان است.

Daschang, barâje tamâschtsche âsân ast.

[Für die Zuschauer ist der Krieg einfach.]

(phil.) Krieg versteht nur der, der selbst dabei gewesen ist.
Außenstehende schwärmen und kommentieren, ohne Ahnung davon zu haben.

Streit, der	دعوا	*dawu*
Wut, die	خشم	*khaschm*
ungerecht adj.	ناعادلانه	*nâ hadalâna*
unfair adj.	بی‌انصاف	*bi insâf*
zornig adj.	عصبانی	*asabâna*
loben / anpreisen	تعریف کردن	*tarief kardan*
beschweren	شکایت کردن	*schekâjat kardan*
beklagen	گله کردن	*gela kardan*
protestieren	اعتراض کردن	*eterâz kardan*
Mahnung, die	اخطار	*âkhtâr*
drohen	تهدید کردن	*tadid kardan*
ablehnen	رد کردن	*rad kardan*
verraten	خیانت کردن	*khienât kardan*
Ausrede, die	بهانه	*banâh*
Achtgeben	احتیاط کردن	*ethjat kardan*
unterbrechen	قطع کردن	*qata kardan*
anweisen	دستور دادن	*dastwor dâdan*
befragen	پرسیدن	*porsidan*
beteuern	تاکید کردن	*tahkied kardan*
erfinden	اختراع کردن	*âkhtere kardan*
hinweisen	اشاره کردن	*âschera kardan*
beleidigen	توهین کردن	*tauhien kardan*
beantragen	تقاضا کردن	*taghâzâ kardan*

6.6 Allgemeine Tätigkeiten

آسان گردد، هر انچه همت بستی.

Âsân gardat, har ân tsche hemat basti.

[Je mehr du dich bemühst, desto einfacher wird es.]

(Erz.) Das Ergebnis der Arbeit erkennt man daran, wieviel Mühe darin investiert wurde. Je mehr sich der Mensch bemüht, um so ertragreicher/ beständiger sind die Früchte seiner Arbeit.

Manier, die	ادب	*âdab*
verhalten	رفتار کردن	*raftar kardan*
Verhalten, das	رفتار / سلوک	*raftâr / sulaukhat*
entscheiden	تصمیم گرفتن	*tasmim greftan*
kaputt machen	خراب کردن	*kharâb kardan*
warten	منتظر بودن	*montazar bodan*
einschätzen	حدس زدن	*hadas zadan*
abwägen	سنجیدن	*sandschiedan*
bemerken	متوجه شدن	*motawadsche schodan*
schlussfolgern	نتیجه گرفتن	*natidscha greftan*
sehen	دیدن	*didan*
anschauen	نگاه کردن	*negâh kardan*
Erstaunen, das	تعجب	*mehtadschob*
erstaunen	متعجب کردن	*mehtadschob kardan*
benötigen	ضرورت داشتن	*zarurat dâschtan*
mitnehmen	همراه بردن	*ham râh bordan*
sammeln	جمع کردن	*dscham kardan*
probieren	چشیدن	*tscheschmiedan*
genügen	کافی بودن	*keif bordan*
wechseln	تبدیل کردن	*tabdiel kardan*
ersetzen	عوض کردن	*awaz kardan*
Bescheid geben	اطلاع دادن	*etâlha dâdan*

6.7 Einstellungen

فرصت را غنیمت شمار.

Âsân gardat, har ân tsche hemat basti.

[Zähle jede Gelegenheit als Trophäe und großes Los.]

Ergreife jede Chance, die sich bietet.

Ego, das	نفس / خود	*nafs, khod*
Egoismus	خود خواهی	*khod khouâi*
egoistisch	خود خواه	*khod khou*
Defätismus, der	منفی بافی	*manfi bâfi*
Lösung, die	حل	*hal*
Horizont, der	افق	*âfahaq*
Gewohnheit, die	عادت	*adat*
Laune, die	خو	*kho*
Eigenschaft, die	خاصیت	*khasjât*
Skepsis, die	شک	*schak*
Geschicklichkeit, die	مهارت	*mehârat*
doppelgesichtig adj.	دورویی	*du ruie*
optimistisch sein adj.	خوش‌بین بودن	*khoschbien bodan*
Erinnerung, die	خاطره	*khâtera*
Gedächtnis, das	حافظه	*hâfeza*
In Erinnerung rufen	یادآوری کردن	*jad âwari kardan*
Wirklichkeit, die	واقعیت	*wâqijat*
logisch adj.	منطقی	*manteqi*
Logik, die	منطق	*manteq*
realistisch adj.	حقیقی	*haqhiqhi*
Elan, der	ذوق	*zauqh*
Kraft, die	قوت	*quwat*
Erwartung, die	توقع / انتظار	*antzâr / tawaqu*

6.8 Erlauben und Verbieten

یک نی، و صد آسان.

Yak ne, wa sad âsân.

[Durch ein Nein(sagen), hat man eine hundertfache Einfachheit.]

(phil./ rhetr./ app.) Bei so vielen unwiderstehlichen Angeboten, bitten und windigen Geschäften reicht ein einfaches Nein, um sich viele Probleme zu ersparen.

wünschen	آرزو داشتن	*ârzu dâschtan*
Anspruch, der	ادعا	*âda*
wollen	خواستن	*khâstan*
verlangen	تقاضا کردن	*taghâzâ kardan*
erwarten	انتظار داشتن	*entezâr dâschtan*
garantieren	ضمانت کردن	*zamanânt kardan*
bitten	خواهش کردن	*khâhesch kardan*
erlauben	اجازه دادن	*edschâza dâdan*
verhindern	جلوگیری کردن	*dschelaugirie kardan*
empfehlen	توصیه کردن	*tause kardan*
gehorchen	فرمانبرداری کردن	*farmân dari kardan*
folgen	تعقیب کردن	*taqieb kardan*
ausführen	اجرا کردن	*âdschra kardan*
befehlen	فرمان دادن	*farmân dâdan*
Erlaubnis, die	اجازه	*edschaza*
Bestellung, die	فرمایش	*farmâiesch*
Pflicht, die	وظیفه	*wazifa*
Gebot, das	حکم	*hukm*
Verbot, das	منع	*mane*
aushalten	طاقت ، تحمل کردن	*taqahat / tahmol kardan*
Befehl, der	فرمان	*farmân*

KAPITEL BILDUNGSWESEN

7. 1	BILDUNG ALLGEMEIN	آموزش و پرورش عمومی
7. 2	LEHREN, LERNEN UND VERSTEHEN	آموزش ، درس و درک
7. 3	IN DER SCHULE	در مکتب
7. 4	IN DER KLASSE	در صنف
7. 5	SCHULFÄCHER	موضوعات درسی
7. 6	STUDIUM	مطالعات
7. 7	STUDIENGÄNGE	رشته درسی
7. 8	WISSENSCHAFT	علوم وتحقیقات

7.1 Bildung Allgemein

از شادی کرده، زنجیرش قیمت تر.

Az schâdi karda zandscheresch qimatar.

[Die Kette ist teurer als der Affe.]

(iron.) Eine ungebildete, tölpelhafte Person,
die überteuerte Gegenstände und Wertsachen trägt.

Schulpflicht, die	آموزش اجباری	*âmuzesch edschbari*
Bildung, die	آموزش	*âmuzesch*
Berufsausbildung, die	کارآموزی	*kâr âmuzi*
öffentliche Schule, die	مکتب دولتی	*maktab dauw-lati*
Privatschule, die	مکتب شخصی	*maktab schakhsi*
ausbilden	آموزش دادن	*âmuzesch dâdan*
erziehen	تربیت کردن	*tarbiat dâdan*
Didaktik, die	فن تعلیم و تربیت	*fan taliem wa tarbjat*
Bildungspolitik, die	سیاست آموزش	*saysat âmuzesch*
praktisch adj.	عملی	*hamali*
Selbstdisziplin, die	انضباط شخصی	*enzebât schakhsi*
Eignung, die	شایستگی	*schâyestagi*
Disziplin, die	انضباط	*enzebât*
Bildungsministerium, das	وزارت معارف	*wezârat mahruf*
Konzept, das	طرح	*tarh*
Thema, das	موضوع	*mauzo*
Studiengebühren, die	فیس دانشگاه	*feese dâneschgha*
religiöse Schule, die	مدرسه	*madressa*
Akademie, die	اکادمی	*âkademie*
Grad, der	درجه	*daradscha*
Dienstgrad, der	رتبه	*ruthba*
Niveau, das	سطح	*zahta*
Kulturministerium, das	وزارت اطلاعات وفرهنگ	*wezârat kultur / farhang*

7.2 Lehren, Lernen und verstehen

زبان مار، را مار می فهمد.

Zeban mâr, ra mâr meh-fahmid.

[Die Zunge (Sprache) einer Schlange verstehen nur Schlangen.]

(Übertr.) Gleichgesinnte, gleichaltrige Menschen mit Gemeinsamkeiten verstehen sich am besten und kommen schneller miteinander klar.

vertiefen	عمیق تر کردن	*hameq tar kardan*
auswendig lernen	ازیاد کردن/حفظ کردن	*az yad kardan / hafeza kardan*
erklären	تشریح کردن	*taschri kardan*
verstehen	فهمیدن	*fahmidan*
Aufmerksamkeit, die	توجه	*tawudschu*
teilnehmen	اشتراک کردن	*eschterâk kardan*
rechnen	حساب کردن	*hesab kardan*
Kenntnis, die	آگاهی	*âgâhji*
diktieren	املا گفتن	*himlâ guftan*
strikt, streng adj.	سخت گیر	*saktgir*
Ausbildung, die	آموزش	*âmuzesch*
erläutern	توضیح دادن	*tausa kardan*
Eifer, der	شوق و ذوق	*schauq wa sauqh*
durchfallen	ناکام ماندن	*nâkam mândan*
verbessern	بهتر شدن	*betar schodan*
Absage bekommen	رد شدن	*rad schodan*
Aufmerksamkeit erregen	جلب توجه کردن	*dschaleb tawadschu kardan*
Gedichte lernen	شعر خواندن	*scher khandan*
Vokabeln lernen	لغت خواندن	*loghat khandan*
etwas verbessern	اصلاح کردن	*eslâh kardan*
Hausaufgabe, die	کار خانگی	*kâr khânagi*
versetzt werden	ارتقا کردن	*erteqâ kardan*

7.3 In der Schule

یک کتاب خوب، یک دوست خوب است.

Yak ketâb khub, jak dost khub ast.

[Ein gutes (lehrreiches) Buch ist wie ein guter Freund.]

(Erz.) Das Buch als Ratschlagergeber ist stets jederzeit für einen da, egal, wann und wo man sie aufschlägt. Die Redensart fordert auf, Bücher zu schätzen und seinen Ratschlägen zu folgen.

Klasse, die	صنف	*senf*
Füller, der	خود رنگ	*khod rang*
Bleistift, der	پنسل	*pensel*
Tafel, die	تخته	*takhta*
Kreide, die	تباشیر	*tabascher*
Stuhl, der	چو کی	*tschauki*
Schwamm, der	تخته پاک	*takhta pak*
Buch, das	کتاب	*ketâb*
Zirkel, der	دایره کش	*dârja kasch*
Aufsatz, der	مقاله	*maqala*
Prüfung, die	امتحان	*ehmtiân*
Heft, das	کتابچه	*ketâb dscha*
Seite, die	صفحه	*safa*
Lineal, das	خط کش	*khatkhasch*
Stift, der	خود کار	*khod kâr*
Stunde, die	ساعت	*zahat*
Notiz, die	یادداشت	*yad dschat*
Lehrer, der	معلم	*moalem*
radieren	پاک کردن	*pâk kardan*
Tasche, die	بکس	*baks*
anwesend adj.	حاضر	*hâzer*
abwesend adj.	غیرحاضر	*ghair hâzer*

در مکتب

7.4 In der Klasse

پرسیدن عیب نیست ندانستن عیب است

Porsidan aib nest, na-danestan aib ast.
[Fragen ist keine Schande, Unwissenheit ist eine Schande.]
(Umg.) Fragen kostet nichts. Wer nicht fragt, der bleibt unwissend.

Pause, die	تفریح	*tafrih*
Konzentration, die	تمرکز	*tamrkhoz*
schwänzen	از مکتب فرار کردن	*az maktab farhar kardan*
Übung, die	تمرین	*tamrin*
Lehrplan, der	برنامه درسی	*barnâma darsi*
Grundschule, die	مکتب ابتدایی	*maktab ebtedaija*
sitzen bleiben	ناکام ماندن	*nâkam mândan*
Schüler, der	شاگرد	*schâgerd*
Stufe, die	طبقه	*tabaqa*
Vorschule, die	مکتب آمادگی	*maktab âmadgi*
Jahrgang, der	هم دوره	*ham daura*
Schulleiter, der	مدیر مکتب	*modir maktab*
Lehrbuch, das	کتاب درسی	*ketâb darsi*
Klassenlehrer, der	نگران صنف	*negarâhn senf*
Unterrichtsstunde, die	ساعت درسی	*zahat darsi*
anwesend sein	حضور داشتن	*houzer daschtan*
Buchstabe, der	حرف	*harf*
Mitschüler, der	هم صنفی	*ham senfi*
spicken	نقل کردن	*naqel kardan*
Lektion, die	فصل	*fasl*
sich konzentrieren	تمرکز کردن	*tamrkhoz kardan*
Gebäude, das	ساختمان	*sakhtemân*
Abteilung, die	بخش	*bakhsch*

7.5 Schulfächer

از تو پنهان کنم ، از خدا پنهان نمیشود.

Az tu penhân kunam, az khodâ penhân nameschauad.

[Vor dir kann ich es verstecken, aber vor Gott bleibt es unverborgen.]

(Reli.) Was auch immer die Menschen voreinander verstecken; Gott sieht alles.

موضوعات درسی

Fach, das	مضمون	*mazmun*
Wirtschaft, die	اقتصاد	*eqtesâd*
Mathematik, die	ریاضی	*ryâzi*
Technik, die	تکنیک	*tekhniek*
Geschichte, die	تاریخ	*târiekh*
Kunst, die	هنر	*honar*
Sport, der	ورزش	*warzesch*
Religion, die	دین	*dien*
Sozialwissenschaft, die	جامعه‌شناسی	*dschma schensi*
Physik, die	فیزیک	*fizik*
Zeichnen, das	رسم کردن	*rasm kardan*
Aufgabe, die	وظیفه	*vazifah*
Sprache, die	لسان	*lesân*
Fremdsprache, die	زبان خارجی	*zebân kherdschi*
Dari	دری	*dari*
Paschto	پشتو	*paschto*
Russisch	روسی	*rusi*
Deutsch	آلمانی	*âlmani*
Französisch	فرانسوی	*farânsawi*
Hindi	هندی	*hindu*
Politik, die	سیاست	*sysâyat*
Chemie, die	کیمیا	*kiemja*

7.6 Studium

جوینده یابنده اس.

Dschuyenda jabanda as.

[Der Suchende ist findend.]

Wer sich im Leben konsequent auf die Suche begibt, der wird immer eine Antwort finden.

Technische Hochschule, die	دانشگاه تخنیک	*dâneschga takhniek*
Universität, die	دانشگاه	*dâneschga*
Fakultät, die	فاکولته	*fakulta*
Student, der	محصل	*mohasel*
Stipendium, das	بورس تحصیلی	*burs tahsili*
Institut, das	انستیتوت	*Instietut*
Abendschule, die	مکتب شبانه	*maktāb schabâna*
Zulassung, die	پذیرش دانشگاه	*pazesresch dâneschga*
Ablehnung, die	رد	*rad*
bewerben	داوطلب شدن	*dautâlab schodan*
Auslandsstudium, das	تحصیل در خارج	*tahsil dar kharedsch*
Professor, der	پروفیسور	*profaisar*
Einschreibung, die	نام نویسی	*nâm nauwisi*
Seminar, das	سمینار	*semienar*
Abschluss, der	شهادت نامه	*schahdatnâma*
Doktorabschluss	شهادتنامه داکتری	*schdat nâma daktari*
Kurs, der	کورس	*kors*
Anleitung, die	راهنما	*râhnâma*
argumentieren	استدلال کردن	*estlâl kardan*
Wissenschaft(en), die	علم	*olum*
Fachausbildung, die	آموزش مسلکی	*âmuzesch maslaki*

7.7 Studiengänge

آدم بی سواد کور است.

Âdam besawad koor ast.

[Ein Analphabet ist wie ein Blinder.]

(Ugs.) Bildung führt zu Einsicht und öffnet die Augen.

Literatur, die	ادبیات	*adabiât*
Lehramtsstudium, das	آموزش تعلیم و تربیت	*âmuzesch taliem wa tarbiejat*
Psychologie, die	روانشناسی	*roâ âschnâsi*
Rechtswissenschaft(en), die	علوم حقوق	*olum hoquq*
Sozialwissenschaft(en), die	جامعه شناسی	*dschâmeschenâsi*
Pädagogik, die	علوم تربیت	*olum hoquq*
Informatik, die	علوم کامپیوتری	*enformatik*
Medizin, die	طب	*teb*
Ingenieurwesen, das	انجنیری	*indschinjar*
Kunst, die	هنر	*honar*
Architektur, die	مهندسی	*mandesi*
Philosophie, die	فلسفه	*falsafa*
Landwirtschaft, die	زراعت	*zurâhat*
Journalistik, die	روزنامه نگاری	*ruznâma negâri*
Elektrotechnik, die	تخنیک برق	*tkhniek barq*
Wirtschaft, die	اقتصاد	*eqtesâd*
Politikwissenschaft(en), die	علوم سیاست	*olum syâsat*
Kommunikationswissenschaft(en), die	علوم ارتباطا ت	*olum ertebât*
Islamwissenschaft(en), die	اسلام‌شناسی	*eslâm schensi*
Archäologie, die	باستان شناسی	*bâztan schenâsi*
Volkswirtschaft, die	اقتصاد ملی	*eqtesâd meli*
Pharmazie, die	دوا سازی	*dawu sazi*

KAPITEL 8

STAAT Gesellschaft und Politik

8.1 Das politische System Afghanistans

ملک بی پادشاه.

Mulk be pâdschah.

[Eine Nation ohne König.]

(Polit.) Umschreibung einer Nation, wo niemand nach Recht und Gesetz fragt, niemand zur Verantwortung gezogen wird oder Rechenschaft ablegt.

Zentralregierung, die	دولت مرکزی	*dauwlat markazi*
Staatsregierung, die	دولت	*daulat*
Regionalregierung, die	دولت محلی	*dauwlat mahali*
Provinzregierung, die	دولت ولایتی	*dauwlat wolajati*
Amtszeit, die	دوران خدمت	*dauwâran khedmat*
Koalition, die	ائتلاف	*ahtelâf*
Kommission, das	کمیسیون	*Kommission*
Kabinett, das	کابینه	*kabinet*
Parlament, das	مجلس نمایندگان	*madschles namâyandegân*
Senator, der	سناتور	*senâtor*
große Versammlung	لویه جرگه	*loja dschirga*
Oberhaus („Haus der Ältesten“)	مشرانو جرگه (سنا)	*meshro jirga, die*
Minister, der	وزیر	*wazir*
Wahlen, die	انتخابات	*entekhâbat*
Ministerium, das	وزارتخانه	*wezârat khâna*
Putsch, der	کودتا	*kodotâ*
Fundamentalismus, der	بنیاد گرایی	*bonyad gari*
Bürgermeister, der	شاروال ، شهر دار	*schar daar, scharwal*
Gouverneur, der	والی	*wâli*
Flüchtlinge, die	پناهنده	*panâ-hineda*
Nachbarland, das	کشور همسایه	*kheschar hamsaya*
Durand-Linie	خط دیورند	*khat durrand*

8.2 Regierungsformen

آمدن ملک ویرانشدن ده.

Âmadan malik wairan schodan deh.

[Die Ankunft des Königs führt zum Untergang des Dorfes.]

(sark.) Nicht jeder Mensch hat die Fähigkeit zu regieren.

Demokratie, die	مرد م سالاری ، دموکراسی	*demokrasi, mardom sâlarie*
Republik, die	جمهوری	*dschamuri*
Islamische Republik, die	جمهوری اسلامی	*dschamuri eslâmi*
Volksrepublik, die	جمهوری خلق	*dschamuri khalq*
Bundesrepublik, die	جمهوری فدرال	*dschamuri federal*
Regierung, die	حکومت	*hokumat*
Königreich, das	کشور پادشاهی	*keschwar pâdschahi*
Emirat, das	امارات	*emârat*
Sultanat, das	سلطان	*sultan*
Besatzung, die (Militär)	اشغالگر	*eschkhalgari*
Kolonie, die	مستعمره	*mostamara*
Bundesstaat, der	دولت ایالتی	*dauwlat iyâlati*
Staatschef, der	رئیس دولت	*rehes dauwlat*
Kriegsherr, der	جنگ سالاران	*dschang salâ-rawân*
Reich, das	پادشاهی	*pâdschahi*
Imperium, das	امپراتوری	*empartouri*
Gewaltenteilung, die	تفکیک قوا	*tafket qowa*
Nationale Einheitsregierung	دولت وحدت ملی	*dauwlat wahdat meli*
Besetzung, die	اشغال	*eschghâl*
Scharia, die	شرعی	*schara-i*
Anerkennung, die	قبول، پذیرش	*qabul, pazirusch*
Präsident, der	رئیس جمهور	*rejes daschmur*
Vizepräsident, der	معاون رئیس‌جمهور	*mawân rejes daschmur*

8.3 Verfassung

وجدان یگانه محکمه ایست، که حاجت به قاضی ندارد.

Wedschdân jagâna mahkama âsst, ke hâdschat ba qâzi nadârad.

[Das Gewissen ist ein Gericht, das keinen Richter bedarf.]

(bldspr.) Ein gesundes Gewissen führt zu einem fairen, gerechten und anständigen Leben.

Verfassung, die	قانون اساسی	*qânoun âsasi*
Oberste Gerichtshof, der	دادگاه عالی	*dadgahâ hâli*
Rechtsprechung, die	حکم قضایی	*hokm qhasi*
Einspruch, der	اعتراض	*eterâz*
gültig adj.	معتبر	*motabar*
islamische Recht, das	حق اسلامی	*haq aslami*
Verurteilung, die	محکومیت	*mahkumiat*
rechtmäßig adj.	قانونی	*qânouni*
Erlass, der	بخشش	*bakhsch*
rechtswidrig adj.	غیرقانونی	*gair qânouni*
Unschuld, die	بی‌گناهی	*be gunâhi*
Urteil, das	قضاوت	*qazâwat*
Prozess, der	دعوی	*dawâ*
Bestechung, die	رشوه	*reschwa*
Richter, der	قاضی	*qazi*
Fairness, die	انصاف	*insâf*
Unabhängigkeit	استقلال	*esteghlâl*
Jurist, der	حقوق دان	*hoquq dân*
Augenzeuge, der	شاهد عینی	*schâhed hajani*
Richter, der	قاضی	*qâzi*
Justiz, die	دادگستری/ عدالت	*hadalat / dâdgesteri*
Amtsgericht, das	دادگاه	*dâdga*

8.4 Ministerien

ملک بی باز خواست.

Mulk be bâz khahast.

[Eine Nation ohne Bittgesuche.]

Dieser Spruch umschreibt die Zustände der Gesetzlosigkeit, Chaos, Anarchie in einer Nation.

Ministerium für Handel und Industrie, das	وزارت تجارت وصنایع	*wezârat tedschârt wa sanâye*
Ministerium für Landwirtschaft, Bewässerung und Tierzucht, das	وزارت زراعت، آبیاری و مالداری	*wezârat zehrat, âbjari wa mâldari*
Ministerium für Kommunikation und Informationstechnologie, das	وزارت مخابرات و تکنالوژی معلوماتی	*wezârat mohkhbart wa teknalodschi mahloumati*
Verteidigungsministerium, das	وزارت دفاع ملی	*wezârat defa meli*
Ministerium für Wirtschaft, das	وزارت اقتصاد	*wezârat egtesâd*
Ministerium für Finanzen, das	وزارت مالیه	*wezârat mâlie*
Ministerium für Auswärtige Angelegenheiten, das	وزارت امور خارجه	*wezârat amurkhardscha*
Ministerium für Information und Kultur, das	وزارت اطلاعات و فرهنگ	*wezârat etelat wa fahrang*
Innenministerium, das	وزارت داخله	*wezârat dakhela*
Justizministerium, das	وزارت عدلیه	*wezârat adalat*
Ministerium für Arbeit, Soziales, Märtyrer und Behinderte, das	وزارت کار، امور اجتماعی، شهدا و معلولین	*wezârat kâr, amur edschoma, schâhdad wa molowien*
Ministerium für Minen, das	وزارت معادن	*wezârat mahdan*
Gesundheitsministerium, das	وزارت صحت عامه	*wezârat zahat emâh*
Ministerium für Flüchtlinge, das	وزارت امور مهاجرین و عودت‌کنندگان	*wezârat âmor madscharien*
Ministerium für ländlichen Wiederaufbau und Entwicklung, das	وزارت احیا و انکشاف دهات	*wezârat âha wa ânguschaf dahât*
Ministerium für Verkehr und Zivilluftfahrt, das	وزارت ترانسپورت و هوانوردی ملکی	*wezârat transport wa hawanauwardi*
Ministerium für Frauen, das	وزارت امور زنان	*wezârat amur zanân*
Das Ministerium für Grenzen und Stämmenangelegenheiten, das	وزارت امور سرحدات، اقوام و قبایل	*wezârat amur sarhadât, âqwahm wa qabila*
Ministerium für Drogenbekämpfung, das	وزارت مبارزه علیه مواد مخدر	*wezârat mobârza elaiha mawaud mohkdar*

8.5 Politik und Gesellschaft

با ملک بساز، به ده بتاز.

Ba malik be-sâz, ba deh betâz.

[Arrangiere dich mit dem Malik, dann kannst du das Dorf mitverwalten.]

(Pol.) Wer eine Sippe, einen Stamm oder ein Volk kontrollieren will, der erkauft sich am besten die Gunst des Herrschers.

Gesellschaft, die	جامعه	*dschoma*
Gemeinschaft, die	انجمن	*andeschman*
Gesellschaftsordnung, die	نظام جامعه	*nazm dschoma*
Innenpolitik, die	سیاست داخلی	*syâsat dakheli*
Politik, die	سیاست	*syâsat*
Wirtschaftspolitik, die	سیاست اقتصادی	*syâsat eqtesâdi*
Diplomatie, die	دیپلوماسی	*diplomaci*
politische Aktion, die	اقدامات سیاسی	*eqdâmat syâsi*
politische Macht, die	قدرت سیاسی	*qodrat syâsi*
Volk, das	مردم	*mardom*
Bürger, der	شهروند	*scharwand*
Bürgerrecht, das	حقوق شهروندی	*hoquq scharwandi*
Meinungsfreiheit, die	آزادی بیان	*âzadi bajân*
Versammlungsfreiheit, die	آزادی اجتماع	*âzadi edschtemâe*
Opposition, die	مخالف	*mokhâlef*
Land, das	کشور	*kheschwar*
Staat, der	دولت	*daulat*
Staatswesen, das	نظام کشور	*nezâm kheschwar*
Bund, der	اتحادیه	*etahâdea*
Ungerechtigkeit, dide	بی‌عدالتی	*be edâlati*
Zivilgesellschaft, die	جامعه مدنی	*dschoma madani*
unabhängige Staat, der	کشور مستقل	*kheschwar mostaqel*

8.6 Justizwesen

یک بام و دو هوا.

Yak bâm wa du hawâ.

[Ein Deck (Stadt) und zwei Lüfte (Gesetze).]

(Polit.) Die Redensart deutet auf meist unfaire Handhabungen von Gesetzen. Vorgaben Je nachdem ob sie eine gute Beziehung zu den Mächtigeren haben oder aus verschiedenen gesellschaftlichen Positionen stammen.

Rechtssystem, das	نظام حقوقی	*nzâm hoquqi*
Paragraph, der	ماده	*mâdah*
Recht, das	حق	*haq*
Vollmacht, die	وکالت	*waukalât*
Vollmacht erteilen	وکالت‌نامه دادن	*waukalât nâma dâdan*
Gesetz, das	قانون	*qânoun*
Kläger, der	مدعی، شاکی	*schaki, modaji*
entschädigen	تاوان دادن	*tâwâoun dâdan*
Delikt, das	جرم	*dschurm*
juristisch adj.	حقوقی	*hoquqi*
Urteil, das	حکم	*hokm*
Verbrechen, das	جنایت	*dschnâjat*
ein Verbrechen begehen	جنایت کردن	*dschnâjat kardan*
bestechen	رشوه دادن	*reschwau dâdan*
Gericht, das	محکمه	*mahkama*
Unschuld, die	بی‌گناهی	*be gunâhi*
Beschuldigung, die	تهمت	*tohmat*
Zeuge, der	شاهد	*schâhed*
Gerechtigkeit, die	عدالت	*adâlat*
Verteidiger, der	وکیل مدافع	*wakil modâfe*
bezeugen	شهادت دادن	*schâhed dandan*
Anklage, die	دعوا	*dahwa*

8.7 Politische Begriffe

زور قالب نداره.

Zur qâleb nadârad.

[Gewalt hat / kennt keinen Rahmen.]

(Geh.) Gewalt als Mittel zur Durchsetzung des Willens kennt kein Erbarmen und kann zwischen Gutem und Bösem nicht unterscheiden.

Mehrheit, die	اکثریت	*aksaryat*
Antrag, der	درخواست	*darkhast*
Kandidat, der	کاندید	*kandiedat*
Gesetz ratifizieren	قانون را تصویب کردن	*qânoun ra tausieb kardan*
Rat, der	شورا	*schura*
Sitz, der	مقر	*maqher*
Mandat, das	وکالت	*wakhlat*
Gesetz, das	قانون	*qânouni*
Rücktritt, der	استعفا	*estefâ*
Kommission, die	کمیسیون	*kommission*
Politiker, der	سیاستمدار	*syâsatmadar*
Unabhängigkeit, die	استقلال	*esteqlâl*
Protokoll, das	پروتوکول	*protokol*
Lobbyismus, der	لابی‌گری	*lâbi gari*
Lobbyist, der	لابی‌گر	*lâbiest*
Distrikt, der	ناحیه	*nâhaja*
Hauptstadt, die	پایتخت	*pajtkhat*
Volk, das	مردم	*mardom*
Partei, die	حزب	*hezb*
Grenze, die	سرحد	*sarhad*

8.8 Provinzen

وطن هر کس برایش کشمیر است.

Watan har kas barâye-esch kaschmir ast.

[Jedem ist seine Heimat sein Kaschmir.]

(phil.) Die Redensart wird eingesetzt, um auf die Heimatliebe hinzuweisen. Kaschmir, eine Region zwischen Pakistan und Indien, ist bekannt für seine atemberaubenden Berge und Täler. Sie gilt als schönste Region in Asien.
Im übertragenen Sinne gilt die Heimat als schönster Platz auf Erden.

Badakhschan	بدخشان	Kunar	کنر
Faizabad	فیض‌آباد	Kunduz	کندوز
Badghis	بادغیس	Laghmān	لغمان
Baghlān	بغلان	Lugar	لوگر
Balkh	بلخ	Nangahār	ننگرهار
Bāmiyān	بامیان	Nuristan	نورستان
Daikondi	دایکندی	Paktia	پکتیا
Dschuzdschan	جوزجان	Paktika	پکتیکا
Farāh	فراه	Panjshir	پنجشیر
Fāryāb	فاریاب	Parwan	پروان
Ghaznī	غزنی	Samangan	سمنگان
Ghūr	غور	Sari Pul	سرپل
Helmand	هلمند	Tachar	تخار
Herat	هرات	Uruzgan	اروزگان
Kabul	کابل	Wardak	وردک
Kandahar	کندهار	Zabul	زابل
Kapisa	کاپیسا	Nimrūz	نیمروز
Khost	خوست		

KAPITEL 9

KUNST KULTUR UND LITERATUR

9.1 Literatur

لیلی را به چشم مجنون باید دید.

Leilie ra ba tscheschm madschnun bâjad died.

[Leila muss man aus der Sicht von Majnun sehen.]

(Hist./rhetr.) Die Redensart deutet drauf hin, dass Empathie die Bereitschaft ist, sich in die Gedanken, Emotionen und Persönlichkeitsmerkmale der anderen hineinzuversetzen.

Handlung, die	عمل	*amal*
Kapitel, das	بخش کتاب	*bakhsch ketab*
Schriftsteller, der	نویسنده	*newisenda*
Geschichte, die	داستان	*dâstan*
Tagebuch, das	زندگی نامه	*zendagi nâhma*
Ausgabe, die	جلد	*dschuld*
Essay, das	مقاله	*maqâla*
Epoche, die	دوران	*dauwran*
Gattung, die	گونه / نوع	*nauva / gouna*
Inhaltsverzeichnis, das	فهرست	*ferest*
Leser, der	خواننده	*khânada*
Gasel, das	غزل	*ghasel*
Sage, die	افسانه	*âfsâna*
Roman, der	رومان	*roman*
Person, die	شخص	*schks*
Gedicht, das	شعر	*scher*
Poesie, die	شعرسرایی	*scher serâje*
Veröffentlichung, die	نشر	*naschir*
Kurzgeschichte, die	داستان کوتاه	*destan khotah*
Text, der	متن	*matan*
Titel, der	عنوان	*enwân*
Vorwort, das	مقدمه	*moqhdoma*
Absatz, der	بند, پاراگراف	*paragraf , baand*

9.2 Malerei und Bildhauerei

در عالم عشق و خیال هیچ محال نیست.

Der elam escheq wa khiâl hitsch mahâl nest.

[In der Wissenschaft der Liebe und Träumerei ist nichts ausgeschlossen.]

(Gehob.) In der Träumerei und in der Liebe ist alles möglich.

Kunst, die	هنر	*honar*
Kreativität, die	آفرینندگی / خلاقیت	*khâlfahat*
Farbe, die	رنگ	*rang*
Kunstwerk, das	کار هنری	*kâr honari*
Zeichnung, die	رسم	*rasm*
Zeichner, der	رسام	*rasâm*
Malerei, die	نقاشی	*naqâeschi*
Portrait, das	چهره نقاشی	*tschera naqâeschi*
Atelier, das	کارگاه نقاشی	*kârgah naqâeschi*
Pinsel, der	قلم‌موی	*qalm mui*
Skizze, die	طرح	*tarh*
Ausstellung, die	نمایشگاه	*nameysch gu*
Galerie, die	نمایشگاه هنری	*nomeschga honar*
Museum, das	موزیم	*muzjam*
Form, die	شکل	*schakel*
Bilderhauerei, die	مجسمه سازی	*modschmuma sâz*
Gestaltung, die	شکل گیری	*schakel geri*
Skulptur, die	مجسمه	*modschasema*
Mosaik, das	موزائیک	*mosaik*
Sammlung, die	کلکسیون	*kaleksion*
Detail, das	جزئیات	*dschuzjat*

9.3 Musik und Tänze

زاغ می رقصد.

Zâg meh- raqsad.

[Die Krähen sind am Tanzen.]

(Übertr.) Es ist Menschenleer.

Aufführung, die	نمایش	*namâyesch*
singen	بیت خواندن	*bait khândan*
Gesang, der	آواز	*avâz*
komponieren (Teile)	آهنگ ساختن	*âhang sakhtan*
Konzert, das	کنسرت	*konsert*
aufnehmen	ضبط کردن	*zahbet kardan*
Tanz, der	رقص	*raqs*
Musik, die	موسیقی	*musiqi*
Ton, der	آهنگ	*âhang*
proben	تمرین کردن	*tamrin kardan*
Klavier, das	پیانو	*piejano*
Komposition, die (Lied)	آهنگسازی	*âhang sazi*
Note, die	نوت	*not*
Trommel, die	دهل	*dohl*
Melodie, die	نغمه	*naghma*
Flöte, die	توله	*tula*
Nationalhymne, die	سرود ملی	*suraud meli*
Meister, der	استاد	*ustad*
Rhythmus, der	وزن آهنگ	*wâzan âhang*

9.4 Theater und Kino

بزک بزک نمر، که جو لغمان میرسه.

Bozak bozak na-mor, ke dschau laghman merasa.

[Zieglein, Zieglein, stirb nicht! Bald bekommst du Laghmani-Gerste.]

(Iron. / Scherzh.) Falsche Hoffnung und Versprechungen machen, damit jemand einem die Last und die Aufgaben abnimmt.

Darsteller, der	هنرمند	*honarmand*
Sternchen, das	ستاره سینما	*setâra cinmâ*
Dialog, der	محاوره	*mahaura*
Mitarbeiter, der	کارگردان	*kâr gardan*
Preis, der	قیمت	*qiemat*
Schauspieler, der	بچه فیلم	*batsche film*
Schauspielerin, die	دختر فیلم	*dokhtar film*
Kino, das	سینما	*cinma*
Theater, das	تئاتر	*theater*
Drama, das	درامه	*drama*
berühmt adj.	مشهور	*maschour*
Tragödie, die	فاجعه	*fadscha*
Regie, die	کارگردانی	*kar gardani*
Rolle, die	نقش	*naqâesch*
Hauptrolle, die	رول اصلی	*rol âsli*
Publikum, das	تماشاچیان	*tammascha-tschiân*
Zuhörer, der	شنوندگان	*schenawenda-ghân*
Akt, der	پرده (صحنه نمایش)	*parda sahna noumajesch*
Szene, die	صحنه	*sahnah*
Applaus, der	کف زدن	*kaf zadan*
Besucher, der	دیدار کننده	*didur kuniendun*

9.5 Kulturelle Veranstaltungen und Anlässe

هر سرزمین را رسمش، هر گو سفند را پشمش.

Har sar sarzamin ra rasmesch, har gusfand ra pashmesch.

[Jedes Land hat seine Sitten und jedes Schaf hat sein Fell.]

(Mahn./Phil./Übertr.) Andere Länder haben andere Sitten, die man tolorieren und respektieren sollte.

Geburtstag, der	روز تولد	*ruz tawalod*
Sitzung	نشست ، جلسه	*neschast, dschalsa*
Jahrestag, der	سالگرد	*salgard*
Feier, die	جشن	*dschschen*
Versammlung, die	گردهمایی	*gerdhamjey*
Zeremonie, die	تشریفات	*tscherjahat*
Konferenz, die	نشست	*neschast*
Einladung, die	دعوت	*dawat*
Präsentation, die	سخنرانی	*sekhanrani*
Veranstaltung, die	محفل	*mahfill*
Zuhörer, der	شنونده	*schenawenda*
Gast, der	مهمان	*mehmân*
einweihen	افتتاح کردن	*âftita kardan*
Einweihung, die	افتتاح	*âftita*
Show, die	برنامه	*barnâma*
Übergabe, die	تحویل	*tauhiel*
Treffen, das	دیدار	*diedar*
Begegnung, die	ملاقات یا دید	*mullahqad ja didan*
Ball, der	مجلس رقص	*madschles raqs*
Parade, die	رسم گذشت	*rasim gozaschaft*
Jubiläum, das	سالگرد	*salgard*
Ehrenzeichen, das	مدال	*medâl*
Feiertag, der	روز رخصتی	*ruz-e rokhzati*

KAPITEL 10

ARBEITSWELTEN

10. 1	BERUFE	**شغل**
10. 2	IM BÜRO	**در دفتر**
10. 3	GESCHÄFTSLEBEN	**فعالیتهای تجارتی**
10. 4	TÄTIGKEIT AUF DER ARBEIT	**فعالیتهای کاری**
10. 5	HANDEL UND GEWERBE	**تجارت و صنعت**

10.1 Berufe

آدم بیکارآفتاب نشین، عقل چهل وزیر را دارد.

Âdam bekâr âftâb neschien, aquel tschehel wazir ra dârad.

[Der in der Sonne sitzende Arbeiter hat mehr Verstand als vierzig Minister.]

(Umg.) Auch Arbeitslose sitzen im Freien und sprechen über alles. Somit sind sie besser informiert als manche Minister. Wer unter Menschen ist, ist gut informiert.

Tagelöhner, der	**کارگر روزمره**	*kârgar ruz mara*
Metzger, der	**قصاب**	*qasâb*
Schäfer, der	**چوپان**	*tschopân*
Verkäufer, der	**فروشنده**	*foreschenda*
Bauer, der	**دهقان**	*dehqhân*
Tischler, der	**نجار**	*nadschar*
Juwelier, der	**جواهرفروش**	*dschauwar foresch*
Richter, der	**قاضی**	*qâzi*
Mullah, der	**ملا**	*mullah*
Goldschmied, der	**زرگر**	*zarger*
unerfahren adj.	**بی‌تجربه**	*betschorba*
Talent, das	**استعداد**	*estedâd*
Arbeitslosigkeit, die	**بیکاری**	*bikâri*
Disziplin, die	**انضباط**	*ânzebat*
Ausdauer, die	**تحمل ، استقامت**	*estiqhamat, tahamol*
Geschäftsmann, der	**تاجر**	*tadscher*
Ordnung, die	**ترتیب**	*tartib*
Mühe, die	**کوشش**	*khuesch*
sich bemühen adj.	**کوشش کردن**	*khuesch kardan*
Drück ausbauen adj.	**فشار آوردن**	*feschâr âuwardan*
Bäcker, der	**نانوا**	*nânwâ*
Soldat, der	**سرباز**	*sarbâz*

10.2 Im Büro

از راه برو ، بی راه مرو، هر چند که راه پیچان بود.

Az râh bero, be râh marau, har tschand ke râh pietschien bud.

[(Gehe) den Weg, nicht abseits des Wegs, wie verflochten er auch sein mag.]

(Auff.) Ein Vorhaben ist dann erfolgreich, wenn man einen bestimmten Weg einschlägt, wie komplex und verschlungen er auch sein mag. Nur so gelangt man gewiss zum Ziel.

در دفتر

Gerät, das	دستگاه ، وسیله	*wasiela / dastgâh*
organisieren	سازمان دادن	*sazmân dâdan*
Bürotätigkeit, die	دفتر کار	*daftar kâr*
Briefentwurf, der	پیش نویس نامه	*pesch nauwies nâma*
beschäftigt adj.	مشغول	*moschkhel*
Abteilung, die	بخش, قسمت	*qesmat, bakhsch*
Abteilungsleiter, der	رئیس بخش	*rajes bakhsch*
Vertreter, der	نماینده	*nomâienda*
Vertretung, die	نمایندگی	*nomâiendagi*
Organisation, die	سازمان	*sâzmân*
krank sein	مریض بودن	*mariz bodan*
Markierstift, der	قلم نشانگر	*qalam neschângar*
Dienstzeit, der	ساعات کاری	*zahat kari*
Bürogebäude, das	ساختمان اداری	*sahkteman adari*
Büro, das	اداره ، دفتر	*daftar, adari*
Kopie, die	رونوشت	*rau naweschta*
Datei, die	دوسیه	*dousja*
Briefpapier, das	کاغذ نامه	*kâkhaz nâma*
Fotokopie, die	فوتو کاپی	*foto kaapi*
Termin, der	قرار ملاقات	*qarâr moulaqat*
Tippfehler, der	اشتباه تایپی	*aschtiba taıpı*

10.3 Geschäftsleben

برادر با برادر، حسابش برابر.

Baradâr ba baradâr, hesab-esh barâ-bar.

[Auch sollten Brüder untereinander immer korrekte/saubere Geschäfte machen.]

(ermah.) Aufrichtigkeit, Genauigkeit gilt überall. Sogar innerhalb der Familie. Das Sprichtwort rät, stets überall dasselbe Prinzip von Gerechtigkeit walten zu lassen

konkurrieren	رقابت کردن	*reqâbat kardan*
Wettbewerb, der	رقابت	*reqâbat*
expandieren	گسترش دادن	*gesteresch dâdan*
erweitern	توسعه دادن	*tauzea dâdan*
übernehmen	به عهده گرفتن	*ba ehda greftan*
Rechnung, die	حساب	*hesâb*
Manager, der	مدیر	*modier*
Leiter, der	رئیس	*rajes*
Angestellte, der	کارمند	*kârmand*
Geschäftsmann, der	تاجر	*tadschar*
Direktor, der	رئیس, مدیر	*modir, raijess*
Rabatt, der	تخفیف	*takhfief*
Profit, der	فایده	*fâjda*
Verlust, der	ضرر	*zarar*
Etat, das	بودجه	*budi-dscha*
Dienstleistung, die	کار خدماتی	*kâr khedmati*
geschäftlich adj.	کاری	*kâre*
Kondition, die	شرط	*schart*
abschätzen	حدس زدن	*hads zadan*
Bestellung, die	فرمایش	*farmaisch*
Visitenkarte, die	کارت ملاقات	*kard mullahqhat*
Warteraum, der	اتاق انتظار	*eteheq entzar*

10.4 Tätigkeiten auf der Arbeit

اگر یار اهل است، کار سهل است.

Agar jâr ahal ast, kâr sahl ast.

[Ist der Freund weise, wird die Arbeit einfach.]

(Ugs.) Mit einem fachkundigen Freund wird sogar das Undenkbare einfach machbar.

antworten	پاسخ دادن	*pâsukh dâdan*
Projekt, das	پروژه	*poura dscha*
Gehalt, das	معاش	*moesch*
verzichten	صرف نظرکردن	*zarf nâzar kardan*
anerkennen (amtlich)	به رسمیت شناختن	*ba rasmijat schenâkhtan*
Verpflichtung, die	وظیفه, مکلفیت	*mohkaliefat, wazifa*
Arbeitstag, der	روز کار	*ruz kâr*
einstellen	استخدام کردن	*estkhdam kardan*
erleichtern	آسان، سبک کردن	*ahsan / sobek kardan*
benutzen	استفاده کردن	*estfâda kardan*
(sich) anstellen	استخدام شدن	*âstkhdam schodan*
Vorgehen, das	پیش رفتن	*peschraftan*
verfahren	شیوه عمل	*schiwa amal*
versammeln	گرد هم آمدن	*gerda ham âmada*
Funktion, die	نقش	*naqâesch*
Stellung, die	جا, شغل ، مقام	*moqaham, schukhul, dschâ*
Einkommen	درآمد	*darâmad*
ausüben	عمل کردن	*hamal kardan*
leiten	هدایت کردن	*hadâjat kardan*
beauftragen	مامور کردن	*mâmur kardan*
überzeugen	قانع کردن	*qâne kardan*
mitarbeiten	همکاری کردن	*ham kâri kardan*

فعالیتهای کاری

10.5 Handel und Gewerbe

یار نانی، یارجانی نمی شود.

Jâr nâni, jâ dschani nameh-schod.

[Brots-Freunde, werden nicht Freunde für Leib.]

Aus zweckgebundene Bekanntenschaften entstehen keine Freundschaften. Die hinweisende Redensart ruft dazu auf, stets zwischen Freundschaften zu unterscheiden und danach konsequent zu handeln.

Ware, die	جنس ، کالا	*kahla,dschens*
Gut, das	مال ، کالا	*kahla, mâl*
Artikel, der	جنس ، کالا	*dschens, kahla*
Lieferung, die	(کالا)تحویل	*tawiehl (kahla)*
Großhandel, der	عمده‌فروشی	*humda foresch*
Beteiligung, die	شرکت، سهم	*schrekat, sahm*
gründen	ایجاد کردن	*âdschad kardan*
Ladenbesitzer, der	دوکاندار	*doukân dar*
Eigentümer, der	صاحب	*sâheb*
Umsatz, der	فروش, درآمد	*darâmad, fursch*
Ermäßigung, die	تخفیف	*takhefief*
Lieferant, der	آورنده کالا	*âuranda kahla*
Lizenz, die	جواز	*dschwâz*
Konzession, die	امتیاز	*âmtiez*
Vertrag, der	قرارداد	*qarâradâd*
verwalten	مدیریت کردن	*modierjat kardan*
beaufsichtigen	نظارت کردن	*nazârt kardan*
Vertrieb, der	پخش کالا, فروش	*forsch, paksch kahla*
Gewinn, der	سود, بهره	*bahra, souhd*
Gewinnanteil, der	مفاد سهم	*moufied sam*
Mahnung, die	یاد آوری	*yad âuwari*
Provision, die	پولی دلالی	*pull dalili*

KAPITEL 11

INDUSTRIE

11.1 Wirtschaft I

بز در حال جان کندن، قصاب در غم چربو.

Boz dar hâl dschan-kandan, qasâb dar gham tscharbou.

[Während die Ziege am Verrecken ist, ist der Metzger um ihr Fett besorgt.]

(Iron./Scherz.) Wer in Schwierigkeiten steckt, der wird von jemand anderen für seine Zwecke missbraucht.

Wirtschaft, die	اقتصاد	*eghtesâd*
Wachstum, das	رشد	*roschd*
Handel, der	تجارت	*tedschart*
Handel treiben	تجارت کردن	*tedschart kardan*
Produzent, der	تولیدکننده	*taulid kuninda*
Konsument, der	مصرف‌کننده	*masarf kuninda*
Markt, der	بازار	*bâzar*
importieren	وارد کردن	*wâred kardan*
exportieren	صادر کردن	*sâderât kardan*
Import, der	واردات	*wârdhad*
Export, der	صادرات	*sâderât*
Handelsgesellschaft, die	شرکت تجارتی	*scherkat tdscharati*
Marktwirtschaft, die	بازار آزاد	*bâzar azahad*
beliefern	ارسال کردن	*ersal kadan*
Nachfrage, die	تقاضا	*taqâza*
kosten	قیمت داشتن	*qiemat dâschtan*
Angebot, das	عرضه	*arzeha*
Knappheit, die	کمیابی	*kamyâbi*
Unternehmen, das	شرکت	*scherkat*
Geschäft, das	دوکان	*dokân*
Angebot und Nachfrage	عرضه و تقاضا	*arzeha wa taqâza*
Weltwirtschaft, die	اقتصاد جهانی	*eqtesâd dschahâni*

11.2 Landwirtschaft

گندم از گندم بروید جو از جو.

Gandum az gandum berujat dschau az dschau.

[Durch Getreide entsteht Getreide, durch Weizen (neuer) Weizen.]

(phil.) Aus guten Taten kommt das Gute hervor, aus schlechten das Schlechte.

mähen	درو کردن	*drau kardan*
Wiese, die	چمن	*tschaman*
düngen	کود دادن	*kod dâdan*
Agrar, das	کشاورزی	*kheschwarzi*
Landwirtschaft, dic	زراعت	*zcrâhat*
Bauer, der	دهقان	*dieqân*
Viehzucht, die	مالداری	*mâl dâri*
Vieh, das	مال ، مواشی	*mauheschi, mâl*
züchten	پرورش دادن	*parwaresch dâdan*
aufziehen	کشیدن	*keschiedan*
Herde, die	رمه	*rama*
Stall, der	طویله	*tawala*
Weide, die	چراگاه	*tscharga*
Brunnen, der	چاه	*tschah*
Samen, der	تخم	*tokhm*
Korn, das	دانه	*dâna*
bewässern	آبیاری کردن	*âbjahr kardan*
fruchtbar adj.	حاصلخیز	*hesab khiez*
anbauen (Pflanzen)	کاشتن	*khâschan*
säen	کشت	*kheschť*
ernten	درو کردن/ حاصل برداشتن	*hasel bardschtan / drau kardan*
Getreide, das	غله	*ghale*
Spaten, der	بیل	*biel*

11.3 Industrie

تجربه معلم زنده گی است.

Tadschroba moalem zendagi ast.

[Erfahrung ist der Lehrmeister des Lebens.]

1. (Geb.) Dank guter und schlechter Erfahrungen lernt der Mensch für die Zukunft dazu.
2. Erfahrungen und Erlebnisse prägen Menschen und bestimmen ihre Zukunft.

Industrie, die	صنعت	*zanit*
Industriell adj.	صنعتی	*zaniti*
Herstellung, die	تولید	*sakht*
Metallindustrie, die	صنایع فلزی	*zunâe fielizi*
herstellen	تولید کردن	*taulid kardan*
Hersteller, der	تولید کننده	*taulid kuninda*
Massenproduktion, die	تولید انبوه	*taulid anbaua*
Industrieanlage, die	کارخانه	*kâr khâna*
Produktionsstätte, die	محل تولید	*mehal taulid*
Maschinen, die	ماشین	*maschien*
automatisch adj.	بطور خودکار	*batuwar khod kâr*
manuell adj.	دست ساز	*dast sâz*
Vorgang, der	روند، جریان	*, dschir jaan rauand*
Arbeiter, der	کارگر	*kârgar*
montieren	نصب کردن	*nazb kardan*
Industriegebiet, das	منطقه صنعتی	*mantaqa zinati*
qualifiziert adj.	کار آزموده	*kâr âzmuda*
Fabrikarbeiter, der	کارگر کارخانه	*kâr ger kâr khâna*
Betrieb, der	کارگاه	*kârga*
Management, das	مدیریت	*modierjat*
industrialisieren	صنعتی کردن	*zinati kardan*

11.4 Handwerk

در تاق بالا گذاشتن.

Dar tâqe bâlâh gozaschtandan.

[In die oberen Regale stellen.]

(Geb.) Etwas höhere Priorität geben. Kann Kontextabhängig verwendet werden.

reparieren	تعمیر کردن	*tamrin kardan*
Teil, das	پرزه	*puzra*
Bau, der	تمرین ، ساخت	*sakhtan, tamrien*
Ersatzteile, die	پرزه فالتو	*puzra fulatu*
Schnur, die	بند	*band*
Seil, das	طناب	*tanâb*
Draht, der	سیم	*ziem*
Nagel, die	میخ	*miekh*
Leiter, die	زینه	*zinna*
Hammer, der	چکش	*tschkosch*
Schraubenzieher, der	پیچ کش	*peschtkasch*
Bohrer, der	برمه	*barma*
Zange, die	انبور	*ânbur*
Bohnermaschine, die	برمه برقی	*barma barqi*
Säge, die	اره	*âra*
Werkstatt, die	تعمیرگاه	*tamerien ga*
Handwerker, der	هنردستی کار	*hunar dasti kâr*
installieren	نصب کردن	*naseb kardan*
Tischler, der	نجار	*nadschar*
Bauarbeiter, der	صنعتگر	*zenaijat kaar*
Instandhaltung, die	نگهداری / ترمیم کردن	*negâhdari /tarmien kardan*
montieren	نصب کردن	*nasb kardan*

11.5 Bergbau

زنگ آهن را میخوره و حسادت قلب را.

Zang âhan mekhora wa hasâdat qalb ra.

[Rost frisst das Eisen, Neid das Herz.]

(phil.) Neid ist lebensfeindlich, sowohl für den Neider als auch für den Beneideten.

Rohstoff, der	ماده خام	*mohda kham*
Bergbau, der	استخراج معدن	*estakhradsch madan*
Stahlwerk, das	فولاد سازی	*fould sazi*
Bodenschatz, der	منابع معدنی	*mâhaba madâni*
Ressource, die	منبع	*munba*
Holzkohle, die	زغال چوب	*zulghâl tschub*
Aluminium, das	آلمونیوم	*alimuniem*
Blei, das	سرب	*sorb*
Kohle, die	زغال	*zulghâl*
Steinkohle, die	زغال‌سنگ	*zulghâl zendgi*
Eisen, das	آهن	*âhan*
Erdgas, das	گاز طبیعی	*gaze tabiea*
Erdöl, das	نفت	*neft*
Gold, das	طلا	*telā*
Kalk, der	چونه	*tschaua*
Kupfer, das	مس	*mes*
Messing, das	برنج	*berensch*
Roheisen, das	آهن خام	*âhan khâm*
Silber, das	نقره	*noqra*
Schwefel, der	گوگرد	*gogerda*
Ofen, der	بخاری	*bokhâri*

KAPITEL 12

FINANZEN, FORSCHUNG UND ENTWICKLUNG

12. 1	FINANZEN	امورمالی
12. 2	BANKWESEN	زراعت
12. 3	ENTWICKLUNG	رشد صنعت
12. 4	WIRTSCHAFT II	اقتصاد عمومی

12.1 Finanzen

از کیسهٔ خلیفه بخشیدن.

Az kiesea kaliefa bakh-schiedan

[Aus des Kalifats Schatulle Geld ausgeben.]

(spött.) Sich auf Kosten anderer zu vergnügen und einen Namen machen.

Finanzen, die	امور مالی	*âmur mâli*
Kredit, der	قرضه	*qarza*
Schulden, die	قرض	*qarz*
Schulden haben	قرض داشتن	*qarz dâschtan*
Bank, die	بانک	*bank*
Betrag, der	مبلغ	*mohblakh*
Vermögen, das	ثروت / دارایی	*dârâie / serwat*
vermieten	کرایه دادن	*kerja dâdan*
verleihen	قرض دادن	*qarz dâdan*
Währung, die	پول	*pul*
sparen	صرفه جویی کردن	*zarf dschu kardan*
Kapital, das	سرمایه	*sarmâja*
Zins, der	سود	*soud*
Überweisung, die	حواله	*hawâla*
Preis, der	نرخ	*nerkh*
Verlust, der	ضرر	*zarar*
Aktie, die	سهم	*zahm*
Spekulation, die	سفته بازی	*softah bâzi*
Börse, die	بازار سهام	*bâzar zahm*
Steuer, die	مالیات	*mâliat*
Steuerhinterziehung, die	فرار از پرداخت مالیات	*frâr az pardokht mâliat*
investieren	سرمایه گذاری کردن	*sarmâja guzari kardan*
Investition, die	سرمایه گذاری	*sarmâja guzari*

12.2 Bankwesen

شخص اگه قرض داشته باشه بهتر از آن که زن بد داشت باشه.

Schachs agar qarz daschta bascha behtar as ân ke zan bad daschta bascha.

[Jemand, der Schulden hat, ist in einer genauso schlechten Lage wie jemand, der eine schlechte Frau hat.]

(sark.) Schulden haben gilt als Makel, da der Schuldner der Willkür seiner Geldgeber ausgeliefert ist und machtlos dasteht.

unterschreiben	امضا کردن	*emzâ kardan*
Bankangestellte, der	کارمند بانک	*kârmand bank*
Konto, das	حساب بانکی	*hesâb banki*
Sparkonto, das	حساب پس‌انداز	*hesâb pasândaz*
Konto eröffnen	افتتاح کردن	*aftita kardan*
einzahlen	پرداختن	*pardakt kardan*
Geld abheben	پول برداشتن	*pul bardschat*
auflösen (Konto)	حساب منحل کردن	*hesâb menhal kardan*
zunehmen	زیاد شدن	*zahâd schodan*
Darlehen, das	قرض	*qarz*
Zahlungskondition, die	شرط پرداخت	*schart pardakhtan*
Rate, die	قسط	*qasd*
kurzfristig adj.	کوتاه مدت	*kutâh modat*
langfristig adj.	دراز مدت	*darâz modat*
Versicherung, die	بیمه	*biema*
kassieren	پول گرفتن	*pul greftan*
Netto	خالص	*kahles*
Brutto	ناخالص	*nâ kahles*
kündigen	فسخ کردن	*fakhs kardan*
Geld ausgeben	پول خرج کردن	*pul khartsch kardan*
Schatzmeister, der	خزانه‌دار	*khâzana dâr*

12.3 Entwicklung

ابتکار مشکل است و انتقاد آسان.

Ebtkâr moschkel ast wa entaqâd âsân.

[Entdecken ist schwer, kritisieren ist leicht.]

(bldspr.) Einen vorhandenen Gedanken zu kritisieren ist einfacher als einen neuen Gedanken zu entwickeln.

Technologie, die	تکنالوژی	*teknaulodschi*
Technik, die	تکنیک	*tekniek*
Experte, der	متخصص	*motakhases*
Bedienungsanleitung, die	راهنمای استفاده	*râhnamai âstfada*
Fachmann, der	کارشناس	*kâr schânes*
Fortschritt, der	ترقی	*taraqhi*
Erprobung, die	آزمایش	*âzmâesch*
Leistung, die	عملکرد	*amal kherd*
Labor, das	لابراتوار	*labrârotor*
Verfahren, das	شیوه عمل	*schiwa amal*
Design, das	طرح	*tara*
Entwurf, der	پیش نویس	*pesch nauwies*
Konstruktion, die	ساخت و ساز	*sakht wa sâz*
erfinden	اختراع کردن	*âkhtere kardan*
Erfindung, die	اختراع	*âkhtere*
Forschung, die	تحقیق	*tahqiqat*
elektrisch adj.	برقی	*barqi*
magnetisch adj.	ربائی‌آهن	*âhan rouban*
Wissenschaftler, der	دانشمند	*dânschmând*
fachkundig adj.	اهل فن	*âhal fan*
wissenschaftlich adj.	علمی	*elmi*
Detail, das	جزئیات	*dschozijât*

12.4 Wirtschaft II

گنج بی رنج نیس.

Gandsch be randsch nes.

[Vermögen ist nicht mit Kummer (Leid) verbunden]

(phil.) Eigentum, Reichtum und Ruhm ist mit Leid, Schmerzen und Verlust verbunden.

fruchtbar adj.	پربار	*por bâhr*
Industrie, die	صنعت	*zinat*
Arbeitsmethode, die	روش کار	*rauesch kâr*
Sektor, der	بخش	*bakhsch*
Konjunkturflaute, die	رکود اقتصادی	*roukut eghtsâdi*
Privatisierung, die	خصوصی سازی	*khosusi sâzi*
Verstaatlichung, die	ملی‌سازی	*meli sâzi*
Außenhandel, der	تجارت خارجی	*tedschart khâredschi*
Binnenhandel, der	تجارت داخلی	*tescharti dakheli*
Handelsvertrag, der	توافقنامه تجارت	*taufaqat nâma teschart*
Handelspartner, der	شرکای تجاری	*scherkhat tascharti*
Herstellung, die	تولید	*taulid*
Außenmarkt, der	بازار خارجی	*bâzar kharedschi*
Weltmarkt, der	بازار جهانی	*bâzar dschahâni*
Streik, der	اعتصاب	*etsâb*
Zoll, der	گمرک	*gomrok*
Wirtschaftspolitik, die	سیاست اقتصادی	*syâsat eqtesâdi*
Produktionsmittel, das	وسیله تولید	*wasiel taulid*
Steuer, die	مالیات	*mâlit*
Versicherung, die	بیمه	*biema*

KAPITEL 13

MEDIEN

13.1 Nachschlagwerke

به خط و قلم سخن گفتن.

Be khat wa kalmia soukan guftan.

[Mit Satz und Schrift sprechen.]

(bldspr.) Jemand der Formal und gehoben spricht.

Wörterbuch, das	کتاب لغت	ketâb loghat
Wörterbuch, das	فرهنگ لغت	farhang loghat
publizieren	انتشار دادن	entschâr dâdan
Bücherei, die	کتابخانه	ketâb khâna
Buchhandlung, die	کتاب‌فروشی	ketâb fruschi
Buch, das	کتاب	ketâb
Sachbücher, die	کتاب تخصصی	ketâb takhoussi
Buchhändler, der	کتاب فروش	ketâbforsch
Antiquariat, das	کتابفروشی کتابهای قدیمی	ketâbforsch ketâb hae qadumi
Einband, der	جلد کتاب	dschuld
Taschenbuch, das	کتاب جیبی	ketâb dschibi
Index, der	فهرست	ferest
Wörterregister, das	فهرست لغات	ferest loghat
Überblick, der	نگاه کلی	negâh kole
Auflage, die	چاپ	tschap
Korrekturlesen, das	غلط گیری کردن	ghlat geri kardan
Druckfehler, der	غلطی چاپ	ghlat tschap
Druckerei, die	چاپخانه	tschap khâna
rezensieren	نقد کردن	naqd kardan
Zusammenfassung, die	جمع‌بندی	dschma bandi
Verlag, der	موسه انتشارات	mahasa entscharti
Flugblatt, das	شبنامه	schabnâma
Buchbinder, der	(صحاف) کتاب ساز	ketâb saz

13.2 Bücher

کس از شکم مادرش، عالم بیرون نمی‌آید.

Kas az schekam mâdar-esch, alem berun nameh- âyad.

[Niemand kommt gebildet aus dem Mutterbauch raus.]

Das Sprichtwort weist draufhin, dass niemand von Natur aus hochbegabt ist, und jeder alles erlernen kann.

geistiges Eigentum	مالکیت فکری (معنوی) یا حقوق فکری	*hoqouq fekri / molkajat fekri*
Verleger, der	ناشر	*nâschar*
Exemplar, das	نسخه, نمونه	*namouna, nuskha*
Urheberrecht, das	حق طبع و نشر	*haq zahba wa nascher*
handschriftlich, adj.	خطی	*khati*
Abkürzung, die	اختصار	*ekhtsâr*
Titelseite, die	عنوان کتاب	*ounwan ketâb*
Vorwort, das	پیشگفتار	*peschguftar*
Einleitung, die	پیشگفتار; مقدمه	*moqhdama; moqhdoma*
Inhaltsverzeichnis, das	فهرست مطالب	*ferest matlab*
Buchseite, die	صفحه	*safa*
Kapitel, das	فصل	*fasl*
Fußnote, die	پانویس	*pây nauwsi*
Anhang, der	ضمیمه	*zamiema*
Autor, der	نویسنده	*nawusenda*
Leser, der	خواننده	*khounenda*
Manuskript, das	دست نویس	*dast nauws*
Übersetzen, das	ترجمه کردن	*tardschoma kardan*
bearbeiten	سر چیزی کار کردن	*sar tschiz kar kardan*
Zitat, das	نقل قول	*naqle ghoul*

13.3 Presse

سر که درد نمیکند، چه حاجت دستمال.

Sar ke dard nameh-kund, tsche hâdschat destmâl.

[Ohne Kopfschmerzen, bedarf es kein Tuch (trägt niemand ein Tuch um den Kopf).]
(phil.) Nur durch den Hinweis, dem Verdacht entstehen Gerede und Gerüchte

Pressefreiheit, die	آزادی رسانه ها	*âzadi rasânaha*
Tageszeitung, die	روزنامه	*ruz nâmah*
Zeitschrift, die	مجله	*madschala*
Illustrierte, die	مجله	*madschala*
Information, die	معلومات	*maloumât*
informieren	خبر دادن	*kabar dâdan*
Bericht, der	گزارش	*gozeresch*
Nachricht, die	خبر / پیام	*kabar/ payam*
Interview, das	مصاحبه	*mosâheba*
Kommentar, der	تبصره	*tambsira*
Nummer, die	شماره	*schumâra*
Journalist, der	خبرنگار	*khabarnegâr*
Aktualität, die	تازگی	*tâzagi*
Gegenwart, die	کنونی	*kounun*
Titelseite, die	صفحه اول روزنامه	*safa âwal ruz nâmah*
Schlagzeile, die	سرروزنامه	*sar ruz nâmah*
Herausgeber, der	ناشر	*nâscher*
Werbung, die	اعلان	*elân*
Anzeige, die	اطلاعیه	*etlaja*
Zensur, die	سانسور	*senzor*
Titel, der	عنوان	*enwân*
Prospekt, das	پیش منظر	*pesch manzar*

13.4 Post und Versand

دهان قلعه گرفته شده، دهان خلق نه.

Dahân qala gerefta schoda, dahân khalq ne.

Die Dorftüren können gehalten werden, aber die Münder und die Gerüchte in der Gesellschaft jedoch nicht.]

(bwg. / veralt.) Gerüchte und Gerede kann man nicht unterbinden.

Briefträger, der	خطا رسان	*khat rasan*
Postamt, das	پسته خانه	*posta khâna*
Postkarte, die	پست کارت	*kartpost*
antworten	جواب دادن	*dschwab dâdan*
Briefkasten, der	صندوق پست	*sandouq post*
Brief, der	خط	*khat*
Post, die	پست	*post*
Postfach, das	صندوق پستی	*sandouq posti*
Postgebühren, die	نرخ پستی	*nerkh post*
Inlandpost, die	پست داخلی	*post dâkehlie*
Päckchen, das	بسته کوچک پستی	*basta khotschak posti*
zustellen	تحویل دادن به	*tauhiel dâdan ba*
Luftpost, die	پست هوائی	*post hauâe*
Poststempel, der	تاپه پست	*tapai post*
Postleitzahl, die	کد پستی	*kode posti*
Adresse, die	آدرس	*âdrass*
Absender, der	فرستنده	*ferestanda*
Empfänger, der	گیرنده	*gerienda*
Eilsendung, die	ارسال عجله	*ersâl hadschli*
Briefumschlag, der	پاکت خط	*pakât khaat*
Briefmarke, die	پسته	*posta*
Porto, das	قیمت پستی	*qimat posti*

13.5 Fax und Telefon

پشت نام پدر چه میگردی، اگر مردی پدر خود شو !

Pescht nâhm padar tsche meh-gardi, agar mardie padar khod schau !

[Was kümmert dich der Ruf, das Image deines Vaters?
Sei ein Mann und werde selbst zum Vater.]

Die auffordernde Redensart rät dazu auf, sich lieber auf die eigenen Stärken und Fähigkeiten zu konzentieren und nicht auf den Ruf bzw. der Stellung des Vaters aufzubauen.

telefonieren	تلفن زدن کردن	*telfon zadan kardan*
Funktion, die	وظیفه	*wazifa*
faxen	فاکس کردن	*fax kardan*
Telefonkarte, die	کارت تلفن	*kard telfon*
dringend adj.	ضروری	*zarurie*
Ferngespräch, das	تلفن راه دور	*telfon rah dour*
Klingelton, der	زنگ تلفن	*zang telfon*
auflegen	گوشی تلفن را گذاشتن	*guschi telfon ra gozâschtan*
Telefon, das	تلفن	*telfon*
anrufen	زنگ زدن	*zang zadan*
Telefonnummer, die	شماره تلفن	*schumera telfon*
besetzt adj.	مصروف	*masrauf*
Telefonbuch, das	دفتر تلفن	*daftar telfon*
Telefonauskunft, die	اطلاعات تلفن	*etalahat telfon*
Vorwahlnummer, die	شماره‌پیش	*pesch schumra*
Mobiltelefon (Handy)	تلفن دستی	*telefon dasti*
Verbindung, die	تماس /ارتباط	*ertabât / tamass*
Leitung, die	سیم	*ziem*
national adj.	ملی	*meli*
international adj.	بین المللی	*beinolmlali*

13.6 Fernsehen und Radio

آدمی ره گپ اس.

Âdamie ra gap as.

[Der Mensch ist ein redseliges Wesen.]

Fernseher, der	تلویزیون	*talvizuion*
Kanal, der	کانال	*kanal*
Programm, das	برنامه	*barnâma*
Kameramann, der	فیلمبردار	*filmbardâr*
ausstrahlen (Sendung)	پخش کردن	*pakhsch kardan*
zuschauen	تماشا کردن	*tahmascha kardan*
Medien, die	رسانه	*resâna*
Einfluss, der	تاثیر	*tasier*
Massenmedien, die	رسانه گروهی	*resâna gerohe*
berichten	گزارش دادن	*gozârsch dâdan*
Sprecher, der	سخنگو	*sukhangu*
Radio, das	رادیو	*râdio*
Zuschauer, der	تماشاچیان	*tamschtschien*
Zuhörer, der	شنوندگان	*schenvend-ghân*
Antenne, die	آنتن	*âten*
Propaganda, die	تبلیغات	*tablighât*
Dokumentarfilm, der	فیلم مستند	*film mustanad*
Kindersendungen, die	برنامه کودکان	*barnâma khodankân*
Komödie, die	کمدی	*komede*
Wiederholung, die	تکراری	*tekrari*
Fernsehfilm, der	فیلم تلویزیونی	*film talvizuioni*
Moderator, der	گوینده برنامه	*gojenda barnâma*
publizieren	نشر کردن	*nascher kardan*

KAPITEL 14

ANHANG

Abendschule, die	مکتب شبانه	*maktāb schabâna*
Abkürzung, die	اختصار	*ekhtsâr*
ablehnen	رد کردن	*rad kardan*
Ablehnung, die	رد	*rad*
Absage bekommen	رد شدن	*rad schodan*
Absatz, der	پراگرف در نوشته	*paragraf dar nauschta*
abschätzen	حدس زدن	*hads zadan*
Abschluss, der	شحادت نامه	*schahdatnâma*
Absender, der	فرستنده	*ferestanda*
Absicht, die	قصد	*qhasd*
Abteilung, die	بخش	*bakhsch*
Abteilungsleiter, der	رئیس بخش	*rajes bakhsch*
abwägen	سنجیدن	*sandschiedan*
abwesend adj.	غیرحاضر	*ghair hâzer*
achten	مراعات ,رعایت کردن	*morahât, râhjat kardan*
Achtgeben	احتیاط کردن	*ethjat kardan*
adoptieren	به فرزندی گرفتن	*ba farsandi gereftan*
Adresse, die	آدرس	*âdrass*
aggressiv adj.	تهاجمی	*tahdschumi*
Agrar, das	کشاورزی	*kheschwarzi*
Akademie, die	اکادمی	*âkademie*
Akt, der	)پرده) صحنه نمایش	*parda sahna noumajesch*
Aktie, die	سهم	*zahm*
aktivieren	به راه انداختن،فحال کردن	*hadaf kardan, ba rah ândkhatan*
Aktualität, die	تازگی	*tâzagi*
Artikel, der	بند	*band*

akzeptieren	قبول کردن	*qabul kardan*
als Märtyrer sterben	شهید شدن	*schahied schodan*
alt adj.	پیر	*pir*
altern	پیر شدن	*pir schodan*
Altersdurchschnitt, der	متوسط سن	*metawasud sen*
Aluminium, das	آلومینیوم	*alimuniem*
Amtsgericht, das	دادگاه	*dâdga*
Amtszeit, die	دوران خد مت	*dauwâran khedmat*
amüsieren	تفریح کردن	*tafrih kardan*
anbauen (Pflanzen)	کاشتن	*khâschan*
anbeten	عبادت کردن	*ebadat kardan*
anerkennen (amtlich)	به رسمیت شناختن	*ba rasmijat schenâkhtan*
Anerkennung, die	پذیرش،قبول	*qabul, pazirusch*
Angebot und Nachfrage	عرضه و تقاضا	*arzeha wa taqâza*
Angebot, das	عرضه	*arzeha*
Angestellte, der	کارمند	*kârmand*
angewiesen	وابسته	*wabasta*
Anhang, der	ضمیمه	*zamiema*
Anklage, die	اتهام	*ethâm*
Anleitung, die	راهنما	*râhnâma*
Annahme, die	استنباط	*estansebat*
annehmen	قبول کردن	*qabul kardan*
anpreisen / loben	تعریف	*tarief*
anrufen	زنگ زدن	*zang zadan*
anschauen	نگاه کردن	*negâh kardan*
Anschein, der	ظاهر	*zâhr*

Anspruch, der	ادعا	*âda*
anständig adj.	با ادب	*ba âdab*
anstellen (sich)	استخدام شدن	*âstkhdam schodan*
anstrengen (sich)	زحمت کشیدن	*zahmat kaschiedan*
Anstrengung, die	زحمت کشیدن	*zahmat kaschidan*
Antenne, die	آنتن	*âten*
Antiquariat, das	کتابفروشی کتابهای قدیمی	*ketâbforsch ketâb hae qadumi*
Antrag, der	درخواست	*darkhast*
antworten	پاسخ دادن	*pâsukh dâdan*
antworten	جواب دادن	*dschwab dâdan*
anweisen	دستور دادن	*dastwor dâdan*
anwesend adj.	حاضر	*hâzer*
anwesend sein	حاضر	*hâzer bodan*
Anzeige, die	اطلاعیه	*etlaja*
Appetit, der	اشتها	*eschtijâ*
Applaus, der	کف زدن	*kaf zadan*
Arbeiter, der	کارگر	*kârgar*
arbeitsam adj.	پرکار	*por kâr*
Arbeitslosigkeit, die	بیکاری	*bikâri*
Arbeitsmethode, die	روش کار	*rauesch kâr*
Arbeitstag, der	روز کار	*ruz kâr*
Archäologie, die	شناسیباستان	*bâztan schenâsi*
Architektur, die	مهندسی	*mandesi*
Argument, das	دلیل	*dadlil*
argumentieren	استدلال کردن	*estlâl kardan*
argumentieren	دلیل آوردن	*dalil âwardan*

Arm, der	بازو	*bâzu*
Art und Weise, die	طریق	*tarieq*
Arterie, die	شریان	*scharjâhn*
Artikel, der	کالا،جنس	*dschens, kahla*
Atelier, das	کارگاه نقاشی	*kârgah naqâeschi*
Atemwege, die	دستگاه تنفسی	*dastgahe tanafus*
Atheist, der	بی‌خدا	*bekhodâ*
Aufführung, die	نمایش	*namâyesch*
Aufgabe, die	وظیفه	*vazifah*
Auflage, die	چاپ	*tschap*
auflegen	گوشی تلفن را گذاشتن	*guschi telfon ra gozâschtan*
auflösen (Konto)	حساب منحل کردن	*hesâb menhal kardan*
Aufmerksamkeit erregen	جلب توجه کردن	*dschaleb tawadschu kardan*
Aufmerksamkeit, die	توجه	*tawudschu*
aufnehmen	ضبط کردن	*zahbet kardan*
Aufsatz, der	مقاله	*maqala*
aufwachsen	بزرگ شدن	*bozorg schodan*
aufziehen	کشیدن	*keschiedan*
Auge, das	چشم	*tschschem*
Augenbraue, die	ابرو	*abru*
Augenlid, das	پلک	*pelk*
Augenzeuge, der	شاهد عینی	*schâhed hajani*
ausbilden	آموزش دادن	*âmuzesch dâdan*
Ausbildung, die	آموزش	*âmuzesch*
Ausdauer, die	استقامت،تحمل	*estiqhamat, tahamol*
ausführen	اجرا کردن	*âdschra kardan*

Ausgabe, die	جلد	*dschuld*
aushalten	تحمل کردن،طاقت	*taqahat / tahmol kardan*
Auslandstudium, das	تحصیل در خارج	*tahsil dar kharedsch*
Ausrede, die	بهانه	*banâh*
Aussehen, das	شکل	*schkel*
Außenhandel, der	تجارت خارجی	*tedschart khâredschi*
Außenmarkt, der	بازار خارجی	*bâzar kharedschi*
äußere adj.	ظاهر	*zâhr*
Ausstellung, die	نمایشگاه	*nameysch ga*
ausstrahlen (Sendung)	پخش کردن	*pakhsch kardan*
ausüben	عمل کردن	*hamal kardan*
auswendig lernen	از یاد حفظ کردن	*az yad hafz kardan*
automatisch adj.	بطور خودکار	*batuwar khod kâr*
Autor, der	نویسنده	*nawusenda*
Bäcker, der	نانوا	*nânwâ*
Ball, der	مجلس رقص	*madschles raqs*
Bank, die	بانک	*bank*
Bankangestellte, der	کارمند بانک	*kârmand bank*
Bau, der	ساخت، تمرین	*sakhtan, tamrien*
Bauarbeiter, der	کارگر ساختمانی	*kârgar sakhtmân*
Bauch, der	شکم	*schkam*
Bauer, der	دهقان	*dieqân*
beachten	رعایت کردن	*rahjât kardan*
beantragen	تقاضا کردن	*taghâzâ kardan*
bearbeiten	سر چیزی کار کردن	*sar tschiz kar kardan*
beaufsichtigen	نظارت کردن	*nazârt kardan*

beauftragen	مامور کردن	*mâmur kardan*
Bedarf, der	نیاز	*nieâz*
bedenken	در نظر داشتن	*dar nazar dâschtan*
Bedienungsanleitung, die	راهنمای استفاده	*râhnamai âstfada*
Bedürfnis, das	احتیاج	*etijâdsch*
Bedürfnis, das	احتیاج	*etijâdsch*
beerdigen	به خاک سپردن	*ba khak supordan*
Beerdigung, die	دفن	*dafin*
Befehl, der	فرمان	*farmân*
befehlen	فرمان دادن	*farmân dâdan*
befragen	پرسیدن	*porsidan*
begabt adj.	با استعداد	*ba estidâhad*
Begegnung, die	ملاقات یا دید	*mullahqad ja didan*
begehren	تشنه چیزی بودن	*teschneh tscheze bodan*
begeistern adj.	به هیجان آوردن	*ba hajdschân âwardan*
begleiten	همراهی کردن	*ham râhi kardan*
begraben	دفن کردن	*dafin kardan*
Beileid, das	تسلیت	*taslijat*
Bein, das	پا	*pâ*
Beispiel, das	مثال	*mesl*
Bekannte, der	آشنا	*âschna*
beklagen	گله کردن	*gela kardan*
beleidigen	توهین کردن	*tauhien kardan*
beliefern	ارسال کردن	*ersal kadan*
bemerken	متوجه شدن	*motawadsche schodan*
bemühen	تلاش کردن	*talasch kardan*

bemühen	کوشش کردن	*kuschesch kardan*
Bemühung, die	تلاش	*khuschesch*
beneiden	حسودی کردن	*hasudi kardan*
benötigen	ضرورت داشتن	*zarurat dâschtan*
benutzen	استفاده کردن	*estfâda kardan*
bereit adj.	آماده	*âmada*
Bergbau, der	استخراج معدن	*estakhradsch madan*
Bericht, der	گزارش	*gozeresch*
berichten	گزارش دادن	*gozârsch dâdan*
berücksichtigen	در نظر گرفتن	*dar nazar greftan*
Berufsausbildung, die	کارآموزی	*kâr âmuzi*
berühmt adj.	مشهور	*maschour*
Besatzung, die (Militär)	اشغالگر	*eschkhalgari*
beschäftigt adj.	مشغول	*moschkhel*
Bescheid geben	اطلاع دادن	*etâlha dâdan*
beschreiben	تشریح کردن	*tschera kardan*
Beschuldigung, die	تهمت	*tohmat*
beschweren	شکایت کردن	*schekâjat kardan*
besetzt adj.	مصروف	*masrauf*
Besetzung, die	اشغال	*eschghâl*
besorgt sein	نگران بودن	*negahrân bodan*
Bestattung, die	خاکسپاری	*khaksupari*
bestechen	رشوه دادن	*reschwau dâdan*
Bestechung, die	رشوه	*reschwa*
Bestellung, die	فرمایش	*farmâiesch*
Bestimmung, die	سرنوشت	*sarnauscht*

bestürzen	پریشان کردن	*perischân kardan*
Besucher, der	دیدار کننده	*didar kuniendan*
Beteiligung, die	مشتارک،شرکت	*schrekat, mouschtarak*
beteuern	تاکید کردن	*tahkied kardan*
Betrag, der	مبلغ	*mohblakh*
betreffen	مربوط شدن	*marbot schodan*
Betrieb, der	کارگاه	*kârga*
beunruhigen	ناراحت کردن	*nâ rahat kardan*
bevorzugen	برتری دادن	*bar tari dâdan*
bewässern	آبیاری کردن	*âbjahr kardan*
bewegen	به حرکت در آوردن	*ba harakat dar âwardan*
beweisen	ثابت آوردن	*sâbet âuwardan*
bewerben	داوطلب شدن	*dautâlab schodan*
bewirken	اثر کردن	*âser kardan*
bewundern	تحسین کردن	*tasien kardan*
bewusst adj.	آگاهانه	*âgâhjiâna*
bezeugen	شهادت دادن	*schâhed dandan*
Beziehung, die	رابطه	*râbeta*
Bilderhauerei, die	سازی‌مجسمه	*modschmuma sâz*
Bildung, die	آموزش	*âmuzesch*
Bildungsministerium, das	وزارت معارف	*wezârat mahruf*
Bildungspolitik, die	سیاست آموزش	*saysat âmuzesch*
Binnenhandel, der	تجارت داخلی	*tescharti dakheli*
Biorhythmus, der	بیوریتم	*bouruthem*
bitten	خواهش کردن	*khâhesch kardan*
blass adj.	رنگ بی /کم	*bi/ kam rang*
Blei, das	سرب	*sorb*

Bleistift, der	پنسل	*pensel*
Blut, das	خون	*khun*
Blut, das	خون	*khun*
Blutdruck, der	فشار خون	*feschâr khun*
Blutgefäß, das	رگ خون	*rag khun*
Blutzucker, der	شکر	*schakar*
Bodenschatz, der	منابع معدنی	*mâhaba madâni*
Bohnermaschine, die	برمه برقی	*barma barqi*
Bohrer, der	برمه	*barma*
Börse, die	بازار سهام	*bâzar zahm*
böse adj.	مضر	*mozur*
Braut, die	عروس	*arus*
Brautgabe, die	روی نما گی	*rui namāgi*
Bräutigam, der	داماد	*dāmād*
Brief, der	خط	*khat*
Briefentwurf, der	پیش نویس نامه	*pesch nauwies nâma*
Briefkasten, der	صندوق پست	*sandouq post*
Briefmarke, die	قیمت پستی ارسال خط	*qimat posti ersâl khat*
Briefpapier, das	کاغذ نامه	*kâkhaz nâma*
Briefträger, der	خطا رسان	*khat rasan*
Briefumschlag, der	پست فوری	*pakât fauri*
Bruder, der	برادر	*barādar*
Brüderlichkeit, die	برادری	*brâdari*
Brunnen, der	چاه	*tschah*
Brust, die	سینه	*sina*
Brustwarze, die	نوک پستان	*nouk siena*

Brutto	ناخالص	*nâ kahles*
Buch, das	کتاب	*ketâb*
Buchbinder, der	صحاف (کتاب ساز(	*ketâb saz*
Bücherei, die	کتابخانه	*ketâb khâna*
Buchhändler, der	فروش‌کتاب	*ketâbforsch*
Buchhandlung, die	کتاب‌فروشی	*ketâb fruschi*
Buchseite, die	صفحه	*safa*
Buchstabe, der	حرف	*harf*
Bund, der	اتحادیه	*etahâdea*
Bundesrepublik, die	جمهوری فدرال	*dschamuri federal*
Bundesstaat, der	دولت ایالتی	*dauwlat iyâlati*
Bürger, der	شهروند	*scharwand*
Bürgermeister, der	شردار،شهروال	*schardar, scharwal*
Bürgerrecht, das	حقوق شهروندی	*hoquq scharwandi*
Büro, das	اداری , دفتر	*daftar, adari*
Bürogebäude, das	ساختمان اداری	*sahkteman adari*
Bürotätigkeit, die	دفتر کار	*daftar kâr*
Charakter, der	شخصیت	*schakhsiat*
Chemie, die	کیمیا	*kiemja*
clever adj.	هوشیار	*huschjâr*
Cousin, der	پسر خاله / پسر عمه	*pesar khla / hama*
Cousine, die	دختر خاله/دختر عمه	*dokhtār khla / hama*
Dari	دری	*dari*
darlegen	توضیح دادن	*tausae dâdan*
Darlehen, das	قرض	*qarz*
Darm, der	روده	*rouda*

Drama, das	درامه	*drama*
Drang, der	ازدحام	*ezadâm*
dringend adj.	ضروری	*zarurie*
drohen	تهدید کردن	*tadid kardan*
Drück ausbauen adj.	فشار آوردن	*feschâr âuwardan*
Druckerei, die	چاپخانه	*tschap khâna*
Druckfehler, der	غلطی چاپ	*ghlat tschap*
dulden	صبر / تحمل / حوصله کردن	*sabr / tamul / hausula kardan*
dulden	صبر کردن،تحمل	*tahmoul, sabr kardan*
Dummheit, die	حماقت	*ahmâqat*
düngen	کود دادن	*kod dâdan*
dunkelhaarig adj.	موی سیاه	*saya mui*
dunkelhäutig adj.	سیاه پوست	*sijâh post*
dünn adj.	باریک	*bârik*
durchfallen	ناکام ماندن	*nâkam mândan*
Ego, das	نفس / خود	*nafs, khod*
Egoismus	خود خواهی	*khod khouâi*
egoistisch	خود خواه	*khod khou*
egozentrisch adj.	خود خواه	*khod khâhi*
Ehefrau, die	زن	*zan*
Ehemann, der	شوهر	*schauhar*
Ehemann, Ehefrau	همسر /شوهر	*schauhar / hamsar*
Ehevertrag, der	نکاح نامه	*nikka nâma*
Ehrenzeichen, das	مدال	*medâl*
ehrlich adj.	راستگو ;صادق	*sadeqh, râstgu*
Ehrlichkeit, die	صداقت	*sâdeqhat*

Eifer, die	شوق و ذوق	*schauq wa sauqh*
Eifersucht, die	حسادت	*hesâdad*
eifersüchtig adj.	حسود	*hasud*
Eigenschaft, die	خاصیت	*khasjât*
Eigentümer, der	صاحب	*sâheb*
Eignung, die	شایستگی	*schâyestagi*
Eilsendung, die	ارسال عجله	*ersâl hadschli*
ein Verbrechen begehen	جنایت کردن	*dschnâjat kardan*
Einband, das	جلد کتاب	*dschuld*
Einbildung, die	خیال،تصور	*khiyâl, teswier*
Eindruck, der	برداشت	*bardascht*
Eindruck, der	برداشت	*barschascht*
einen Fehler begehen	اشتباه کردن	*eschtebâ kardan*
einen Gefallen tun	لطف کردن	*loutf kardan*
einfach adj.	ساده	*sada*
Einfluss, der	تاثیر	*tasier*
eingestehen	اقرار کردن	*âqrâr kardan*
Einheit, die	اتحاد	*etihad*
Einigung, die	توافق	*taufaq*
Einkommen	درآمد	*darâmad*
Einladung, die	دعوت	*dawat*
Einleitung, die	پیشگفتار ;مقدمه	*moqhdama; moqhdoma*
einschätzen	حدس زدن	*hadas zadan*
Einschätzung, die	سنجش	*sandschisch*
Einschreibung, die	نویسی‌نام	*nâm nauwisi*
einschreiten	مداخله کردن	*modâkla kardan*

Einsicht, die	درک	*dark*
Einspruch, der	اعتراض	*eterâz*
einstellen	استخدام کردن	*estkhdam kardan*
einweihen	افتتاح کردن	*âftita kardan*
Einweihung, die	افتتاح	*âftita*
einzahlen	پرداختن	*pardakt kardan*
Eisen, das	آهن	*âhan*
Elan, der	ذوق	*zauqh*
elektrisch adj.	برقی	*barqi*
Elektrotechnik, die	تخنیک برق	*tkhniek burq*
Ellbogen, der	آرنج	*âriendsch*
Eltern, die	والدین	*wālidain*
Emirat, das	امارات	*emârat*
Emotion, die	احساسات	*ehsâhâst*
emotional adj.	احساساتی	*ehsâsâti*
Empathie, die	همدردی	*hamdardi*
Empfänger, der	گیرنده	*gerienda*
empfehlen	سفارش کردن	*sefâresch kardan*
empfehlen	توصیه کردن	*tause kardan*
Empfindung, die	احساس	*ehsas*
engstirnig adj.	کوته فکر / نظر	*kuta fekr / nazar*
Enkel, der/ Enkelin, die	نواسه	*nauwaza*
entgegnen	پاسخ دادن،جواب دادن	*pasukh dadan, dschauwab dadan*
Entgegnung, die	پاسخ،جواب	*pasukh, dschauwab*
entschädigen	تاوان دادن	*tâwâoun dâdan*
entscheiden	تصمیم گرفتن	*tasmim greftan*

Entscheidung, die	تصمیم	*tasmim*
Entschlossenheit, die	قاطعیت	*qasajat*
entsetzt adj.	متاثر	*motaser*
enttäuschen	مایوس کردن	*mâyus kardan*
entwerfen	پیش نویسی کردن	*pesch nauwesi kardan*
Entwurf, der	نویس‌پیش	*pesch nauwies*
Epoche, die	دوران	*dauran*
erben	به میراث گذاشتن	*ba miras gozâschtan*
Erbschaft, die	میراث	*miras*
Erdgas, das	گاز طبیعی	*gaze tabiea*
Erdöl, das	نفت	*neft*
erfinden	اختراع کردن	*âkhtere kardan*
erfinden	اختراع کردن	*âkhtere kardan*
Erfindung, die	اختراع	*âkhtere*
erhellen	روشن کردن	*ruschan kardan*
Erinnerung, die	خاطره	*khâtera*
erkennen	شناختن	*schenktan*
erklären	تشریح کردن	*taschri kardan*
erklären	تشریح کردن	*taschri kardan*
Erlass, der	بخشش	*bakhsch*
erlauben	اجازه دادن	*edschâza dâdan*
Erlaubnis, die	اجازه	*edschaza*
erläutern	توضیح دادن	*tausa kardan*
erleichtern	سبک کردن،اسان	*ahsan / sobek kardan*
ermähnen	اخطار دادن	*âkhtâr dâdan*
Ermäßigung, die	تخفیف	*takhefief*

ernst adj.	جدی	*dschidi*
ernten	درو کردن /حاصل برداشتن	*hasel bardschtan / drau kardan*
Erprobung, die	آزمایش	*âzmâesch*
Erregung, die	هیجان	*hayedschân*
erreichen	بدست آوردن	*ba dast âwardan*
Errungenschaft, die	دست آورد	*dast âward*
Ersatzteile, die	پرزه فالتو	*puzra fulatu*
erschüttern	به لرزه درآوردن	*ba larza dar âuwardan*
ersetzen	عوض کردن	*awaz kardan*
erstaunen	متعجب کردن	*mehtadschob kardan*
Erstaunen, das	تعجب	*mehtadschob*
ertragen	تحمل کردن	*tahmul kardan*
erwachsen adj.	بالغ شدن	*bâlgh schodan*
Erwachsene, der	بالغ	*bâlgh*
Erwachsener	بزرگ سال	*bozorg sâl*
erwarten	انتظار داشتن	*entezâr dâschtan*
erwarten	توقع داشتن	*tawaqo dâschtan*
Erwartung, die	توقع / انتظار	*antzâr / tawaqu*
erweitern	توسعه دادن	*tauzea dâdan*
erziehen	تربیت کردن	*tarbiat dâdan*
Essay, das	مقاله	*maqâla*
Etat, das	بودجه	*budi-dscha*
etwas verbessern	اصلاح کردن	*eslâh kardan*
Exemplar, das	نسخه ,نمونه	*namouna, nuskha*
expandieren	گسترش دادن	*gesteresch dâdan*
Experte, der	متخصص	*motakhases*

Export, der	صادرات	*sâderât*
exportieren	صادر کردن	*sâderât kardan*
extrovertiert adj.	برونگرایی	*birun garâie*
Fabrikarbeiter, der	کارگر کارخانه	*kâr ger kâr khâna*
Fach, das	مضمون	*mazmun*
Fachausbildung, die	آموزش مسلکی	*âmuzesch maslaki*
fachkundig adj.	اهل فن	*âhal fan*
Fachmann, der	کارشناس	*kâr schânes*
fähig adj.	توان	*tawân*
Fähigkeit, die	توانایی	*tawânâji*
Fairness, die	انصاف	*insâf*
Fakt, der / das	واقعیت	*wâqijat*
Fakultät, die	فاکولته	*fakulta*
Familienstand, der	وضعیت فامیلی	*wasjat famili*
Fanatiker, der	متعصب	*motasoheb*
Farbe, die	رنگ	*rang*
faszinieren	مجذوب کردن	*madschzub schodan*
faul adj.	تنبل	*tambal*
Faust, die	مشت	*moscht*
faxen	فاکس کردن	*fax kardan*
Fehler, der	غلط	*ghlat*
Feier, die	جشن	*dschschen*
Feiertag, der	روز رخصتی	*ruz-e rokhzati*
Ferngespräch, das	تلفن راه دور	*telfon rah dour*
Fernseher, der	تلویزیون	*talvizuion*
Fernsehfilm, der	فیلم تلویزیونی	*film talvizuioni*

Fertigkeiten, die	توانایی داشتن،با استعداد	*daschtan tawânâji ,ba estidâhad*
fett adj.	چاق	*tschaq*
Figur, die	اندام	*ândam*
Finanzen, die	امور مالی	*âmur mâli*
Finger, der	انگشت	*angoscht*
Fleiß, der	کوشش	*kuschesch*
Flitterwochen, die	ماه عسل	*māh asal*
Flöte, die	توله	*tula*
Flüchtlinge, die	پناهنده	*panâ-hineda*
Flugblatt, das	شبنامه	*schabnâma*
folgen	تعقیب کردن	*taqieb kardan*
folgern	نتیجه گرفتن	*natidscha greftan*
Form, die	شکل	*schakel*
förmlich adj.	تشریفاتی	*taschriefâti*
Forschung, die	تحقیق	*tahqiqat*
fortschreiten	کردن،پیشرفت داشتن	*peschraftan daschtan / kardan*
Fortschritt, der	ترقی	*taraqhi*
fortsetzen	دنبال کردن	*dinbâl kardan*
Fotokopie, die	فتوکپی	*fotokapi*
Französisch	فرانسوی	*farânsawi*
Frau, die	زن	*zan*
Freizeit, die	تفریح	*tafrih*
Fremdsprache, die	زبان خارجی	*zebân kherdschi*
Freude, die	خوشحالی	*khoschali*
Freundschaft, die	دوستی	*dosti*
freundschaftlich adj.	دوستانه	*dostana*

Friedhof, der	قبرستان	*qabristan*
froh adj.	شاد	*schâd*
fruchtbar adj.	پربار	*por bâhr*
fruchtbar adj.	حاصلخیز	*hesab khiez*
Füller, der	خود رنگ	*khod rang*
Fundamentalismus, der	بنیاد گرایی	*bonyad gari*
Funktion, die	نقش	*naqâesch*
Funktion, die	وظیفه	*wazifa*
fürchten	ترس داشتن	*tars dâschtan*
Fuß, der	پا	*pâ*
Fußnote, die	پانویس	*pây nauwsi*
Galerie, die	نمایشگاه هنری	*nomeschga honar*
Galle, die	زردآب	*zardâb*
garantieren	ضمانت کردن	*zamanânt kardan*
Gasel, das	غزل	*ghasel*
Gast, der	میهمان	*mehmân*
Gattin, die	خانم	*kānom*
Gattung, die	گونه / نوع	*nauva / gouna*
gebären	زاییدن	*zajedân*
Gebäude, das	ساختمان	*sakhtemân*
geboren werden	تولد شدن	*tawalod schodan*
Gebot, das	حکم	*hukm*
Geburt, die	تولد	*tawalod*
Geburtsdatum, das	تاریخ تولد	*târiekh tawalod*
Geburtsort, der	محل تولد	*mehal tawalod*
Geburtstag, der	روز تولد	*ruz tawalod*

Gedächtnis, das	حافظه	*hâfeza*
Gedicht, das	شعر	*scher*
Gedichte lernen	شعر خواندن	*scher khandan*
Gefühl, das	احساس	*eheâs*
gefühllos adj.	بی‌عاطفه	*beâtefa*
Gegenteil, das	برعکس	*bar haqs*
Gegenwart, die	کنونی	*kounun*
Gehalt, der	معاش	*moesch*
Geheimnis, das	راز	*râz*
Gehirn, das	مغز	*maghz*
gehorchen	فرمانبرداری کردن	*farmân dari kardan*
geistiges Eigentum	مالکیت فکری) معنوی (یا حقوق فکری	*hoqouq fekri / molkajat fekri*
Geld abheben	پول برداشتن	*pul bardschat*
Geld ausgeben	پول خرچ کردن	*pul khartsch kardan*
Gelegenheit, die	فرصت	*forsat*
Geliebte, die	معشوق،دلبر	*delbar, maschuqa*
Gemeinheit, die	پستی	*pasti*
Gemeinschaft, die	انجمن	*andeschman*
Generation, die	نسل	*nasell*
Genetik, die	ژنتیک	*jschentik*
genießen	کیف کردن	*keif kardan*
genießen	لذت بردن	*lazat bordan*
genießen	لذت بردن	*lezat bordan*
genügen	کافی بودن	*keif bordan*
Genuss, der	لذت	*lezat*
Gerät, das	وسیله،دستگاه	*wasiela / dastgâh*

Geräusch, das	سر و صد ا	*sar wa sada*
Gerechtigkeit, die	عدالت	*adâlat*
Gericht, das	محکمه	*mahkama*
gernhaben	دوست داشتن	*dost dâschtan*
Geruch, der	بو	*bui khosch*
Gesang, der	آواز	*avâz*
Geschäft, das	دکان	*dokân*
geschäftlich adj.	کاری	*kâre*
Geschäftsmann, der	تاجر	*tadscher*
Geschichte, die	تاریخ	*târiekh*
Geschichte, die	داستان	*dâstan*
Geschicklichkeit, die	مهارت	*mehârat*
Geschlecht, das	جنسیت	*dschensayat*
Geschmack, der	مزه	*maza*
Geschwätz, das / Plauderei, die	گپ،کفتگو	*gap, guftigou*
Geschwister, die	خواهر و برادر	*khāhar wa barādar*
Gesellschaft, die	جامعه	*dschoma*
Gesellschaftsordnung, die	تطم یا ساختار جامعه	*tazm ya sakhtar dschoma*
Gesetz ratifizieren	قانون را تصویب کردن	*qânoun ra tausieb kardan*
Gesetz, das	قانون	*qânouni*
Gesicht, das	صورت	*zurat*
Gesichtsausdruck, der	)حالت صورت) چهره	*halat zurat (Tsche-raha)*
Gespräch, das	صحبت	*sohbat*
Gestaltung, die	گیری‌شکل	*schakel geri*
Getreide, das	غله	*ghale*
Gewaltenteilung, die	تفکیک قوا	*tafket qowa*

Gewebe, das	بافت	*bafat*
Gewinn, der	عایدی	*hâjed*
Gewinnanteil, der	مفاد سهم	*moufied sam*
gewöhnen	عادت کردن	*adat kardan*
Gewohnheit, die	عادت	*adat*
gewöhnlich adj.	عادی	*âdi*
glauben	باور داشتن	*bewâr dâschtan*
gleichgültig adj.	بی‌تفاوت	*betaufawat*
Gold, das	طلا	*telā*
Goldschmied, der	زرگر	*zarger*
Gouverneur, der	والی	*wâli*
Grab, das	قبر	*qabr*
Grabstein, der	سنگ قبر	*sang qabr*
Grad, der	درجه	*daradscha*
Grenze, die	سرحد	*sarhad*
groß adj.	بزرگ	*bezorg*
große Versammlung	لویه جرگه	*loja dschirga*
Größe, die	بزرگی	*bozorgi*
Großeltern, die	مادر و پدرکلان	*mādar wa padar kalān*
Großhandel, der	عمده‌فروشی	*humda foresch*
Grund, der	دلیل	*dalil*
Grund, der	علت	*elât*
gründen	ایجاد کردن	*âdschad kardan*
Grundschule, die	مکتب ابتدایی	*maktab ebtedaija*
gültig adj.	معتبر	*motabar*
Gut, das	مال	*mâl*

gutheißen	تایید کردن/پسندیدن	*tajied kardan*
Gutherzigkeit, die	خوبی	*khubi*
Hals, der	گردن	*gardan*
Haltung, die	نظر فکر	*nazar fekr*
Hammer, der	چکش	*tschkosch*
Hand, die	دست	*dest*
Handel treiben	تجارت کردن	*tedschart kardan*
Handel, der	تجارت	*tedschart*
handeln	عمل کردن	*âmal kardan*
Handelsgesellschaft, die	شرکت تجارتی	*scherkat tdscharati*
Handelspartner, der	شرکای تجاری	*scherkhat tascharti*
Handelsvertrag, der	توافقنامه تجارت	*taufaqat nâma teschart*
Handlung, die	عمل	*amal*
handschriftlich, adj.	خطی	*khati*
Handwerker, der	هنردستی کار	*hunar dasti kâr*
hässlich adj.	بدقواره	*bad qawâra*
Hauptrolle, die	رول اصلی	*rol âsli*
Hauptstadt, die	پایتخت	*pajtkhat*
Hausaufgabe, die	کار خانگی	*kâr khânagi*
Haut, die	پوست	*post*
Heft, das	کتابچه	*ketâb dscha*
heiraten	عروسی کردن	*arusi kardan*
hellhäutig adj.	روشن پوست	*ruschan post*
Heranwachsende, der	نوجوان	*nau dschwân*
Herausgeber, der	ناشر	*nâscher*
Herde, die	رمه	*rama*

Herkunft, die	وطن اصلی / منشا	*minscha / watan asli*
herstellen	تولید کردن	*taulid kardan*
Hersteller, der	تولید کننده	*taulid kuninda*
Herstellung, die	تولید	*taulid*
Herz, das	قلب	*qalb*
Heuchler, der	دو رو / ربا کار	*ruba kaar / du rui*
Hilfe, die	کمک	*komak*
Hilflosigkeit, die	ناتوانی	*na tawânâji*
hilfsbereit adj.	آماده کمک	*âmda komak*
Hilfsbereitschaft, die	کمک‌رسانی	*komak rasani*
Hindi	هندی	*hindu*
hinweisen	اشاره کردن	*âschera kardan*
Hochzeit, die	عروسی	*arusi*
Hoden, der	خایه	*kâja*
hoffen	امید وار بودن	*omidwar bodan*
Hoffnung, die	امید	*omid*
Hoffnungslosigkeit, die	ناامیدی	*na omidi*
Holzkohle, die	زغال چوب	*zulghâl tschub*
Horizont, der	افق	*âfahaq*
Hormon, das	هورمن	*harmoon*
Horror, der	وحشت	*waschjat*
hübsch adj.	قشنگ	*qaschang*
Hüfte, die	سرین	*sourien*
Hypochonder, der	خیالی	*khâyali*
Idealist, der	خیال پرستی	*khiyâl parasti*
Illustrierte, die	مجله	*madschala*

Immunsystem, das	سیستم دفاعی بدن	*system defaie badan*
Imperium, das	امپراتوری	*empartouri*
Import, der	وارد	*wâred*
importieren	وارد کردن	*wâred kardan*
in die Pension gehen	متقاعد شدن	*motaqâhid schodan*
in die Rente gehen	تقاعد کردن	*kardan taqâhid*
In Erinnerung rufen	به یاد آوردن	*ba jâd âwardan*
Index, der	فهرست	*ferest*
industrialisieren	صنعتی کردن	*zinati kardan*
Industrie, die	صنعت	*zanit*
Industrieanlage, die	کارخانه	*kâr khâna*
Industriegebiet, das	منطقه صنعتی	*mantaqa zinati*
Industriell adj.	صنعتی	*zaniti*
Informatik, die	انفورماتیک	*enformatik*
Information, die	معلومات	*mâloumat*
informieren	خبر / معلومات دادن	*kabar / mâloumat dâdan*
informieren	خبر دادن	*kabar dâdan*
Ingenieurwesen, das	انجنیری	*indschinjar*
Inhaltsverzeichnis, das	فهرست	*ferest*
Inhaltsverzeichnis, das	فهرست مطالب	*ferest matlab*
Inlandpost, die	ارسال های داخلی	*ersâlha dâkehlie*
Innenpolitik, die	سیاست داخلی	*syâsat dakheli*
installieren	نصب کردن	*naseb kardan*
Instandhaltung, die	نگهداری / ترمیم کردن	*negâhdari /tarmien kardan*
Institut, das	انستیتوت	*Instietut*
Intelligenz, die	هوشی	*husch*

interessant adj.	جالب	*dschâleb*
international adj.	بین‌الملل	*beinolmlali*
Interview, das	مصاحبه	*mosâheba*
introvertiert adj.	درونگرایی	*dirun garâie*
investieren	گذاری کردن‌سرمایه	*sarmâja guzari kardan*
Investition, die	گذاری‌سرمایه	*sarmâja guzari*
Irrtum, der	اشتباه	*eschtebâ*
islamische Recht, das	حق اسلامی	*haq aslami*
Islamische Republik, die	جمهوری اسلامی	*dschamuri eslâmi*
Islamwissenschaft(en), die	اسلام‌شناسی	*eslâm schensi*
Jahrestag, der	سالگرد	*salgard*
Jahrgang, der	هم دوره	*ham daura*
Jenseits, das	آخرت	*âhkharat*
Journalist, der	خبرنگار	*khabarnegâr*
Journalistik, die	نگاری‌روزنامه	*ruznâma negâri*
Jubiläum, das	سالگرد	*salgard*
Jugend, die	جوانی،جوانان	*dschwân*
Jugendlichen, die	نوجوانان،جوانک	*dschwânak*
Jugendlichkeit, die	جوانی	*dschwâni*
jung adj.	جوان	*dschwân*
Junge, der	پسر	*pesar*
Junge, der	پسر	*pesar*
Jurist, der	حقوق‌دان	*hoquq dân*
juristisch adj.	حقوقی	*hoquqi*
Justiz, die	دادگستری /عدالت	*hadalat / dâdgesteri*
Juwelier, der	جواهرفروش	*dschauwar foresch*

Kabinett, das	کابینه	*kabinet*
Kalk, der	آهک	*âhak*
Kameramann, der	فیلمبردار	*filmbardâr*
Kanal, der	کانال	*kanal*
Kandidat, der	کاندید	*kandiedat*
Kapital, das	سرمایه	*sarmâja*
Kapitel, das	بخش کتاب	*bakhsch ketab*
Kapitel, das	فصل	*fasl*
kaputt machen	خراب کردن	*kharâb kardan*
kassieren	پول گرفتن	*pul greftan*
kennenlernen	آشنا شدن	*âschna schodan*
Kenntnis, die	آگاهی	*âgâhji*
Kind, das	کودک	*khodak*
Kindersendungen, die	برنامه های کودکان	*barnâma hai khodankân*
Kindheit, die	دوران بچگی،کودکی	*kodaki*
Kino, das	سینما	*cinma*
Kläger, der	مدعی	*modaji*
Klang, der	صوت صدا	*sada, sout*
Klartext, der	واشکار	*wâschkâr*
Klasse, die	صنف	*senf*
Klassenlehrer, der	نگران صنف	*negarâhn senf*
Klavier, das	پیانو	*piejano*
klein adj.	خرد	*khurd*
kleiner Junge	پسر بچه	*pesar batscha*
Klingelton, der	زنگ تلفن	*zang telfon*
klingen	زنگ زدن	*zang zadan*

Knappheit, die	کمیابی	*kamyâbi*
Knie, die	زانو	*zânu*
Knochen, der	استخوان	*ostokhân*
Koalition, die	ائتلاف	*ahtelâf*
Kohle, die	زغال	*zulghâl*
Kolonie, die	مستعمره	*mostamara*
Kommentar, das	تبصره	*tambsira*
Kommission, das	کمیسیون	*Kommission*
Kommission, die	کمیسیون	*kommission*
Kommunikationswissenschaft(en),	علوم ارتباطا ت	*olum ertebât*
Komödie, die	کمدی	*komede*
kompetent adj.	شایسته	*schâyesta*
Kompetenzlosigkeit, die	نا توانایی	*nâ tawanaie*
komponieren (Teile)	آهنگ ساختن	*âhang sakhtan*
Komposition, die (Lied)	آهنگسازی	*âhang sazi*
Kondition, die	شرط	*schart*
Konferenz, die	نشست	*neschast*
Konflikt, der	کشمکش،دعوا	*kuschmakasch, dauwa*
Königreich, das	کشور پادشاهی	*keschwar pâdschahi*
Konjunkturflaute, die	رکود اقتصادی	*roukut eghtsâdi*
konkretisieren	مشخص کردن	*moschkas kardan*
konkurrieren	رقابت کردن	*reqâbat kardan*
Konstruktion, die	ساخت و ساز	*sakht wa sâz*
Konsument, der	مصرف کننده	*masarf kuninda*
Kontakt, der	تماس	*tamass*
Konto eröffnen	افتتاح کردن	*aftita kardan*

Konto, das	حساب بانکی	*hesâb banki*
Konzentration, die	تمرکز	*tamorkoz*
Konzept, das	طرح	*tarh*
Konzert, das	کنسرت	*konsert*
Konzession, die	امتیاز	*âmtiez*
Kopf, der	سر / کله	*kala*
Kopfhaar, das	مو سر	*mui sar*
Kopie, die	رونوشت	*rau naweschta*
Korn, das	دانه	*dâna*
Körper, der	بدن	*badan*
Korrekturlesen, das	غلط گیری	*ghlat geri*
kosten	قیمت داشتن	*qiemat dâschtan*
Kraft, die	قوت	*quwat*
kräftig adj.	قوی	*quwi*
krank sein	مریض بودن	*mariz bodan*
Kreativität, die	آفرینندگی / خلاقیت	*khâlfahat*
Kredit, der	قرضه	*qarza*
Kreide, die	تبا شیر	*tabascher*
Kriegsherr, der	جنگ سالاران	*dschang salâ-rawân*
kritisieren	انتقاد کردن	*etiqâd kardan*
Kulturministerium, das	فرهنگ ،وزارت کلتور	*wezârat kultur / farhang*
Kummer, der	غم و غصه	*gham wa khusa*
kündigen	فسخ کردن	*fakhs kardan*
Kunst, die	هنر	*honar*
Kunstwerk, das	کار هنری	*kâr honari*
Kupfer, das	مس	*mes*

Kurs, der	کورس	*kors*
kurzfristig adj.	کوتاه مدت	*kutâh modat*
Kurzgeschichte, die	داستان گوتاه	*destan khotah*
Labor, das	لابراتوار	*labrârotor*
lächeln	لبخند زدن	*labkhand zadan*
lachen	خنده کردن	*khanda kardan*
Ladenbesitzer, der	دکاندار	*doukân dar*
Lage, die (Stimmung)	حالت	*hâlat*
Land, das	کشور	*kheschwar*
Landwirtschaft, die	زراعت	*zurâhat*
langfristig adj.	دراز مدت	*darâz modat*
Lärm, der	غالمغال	*khâlmakhâl*
lärmen	غالمغال کردن	*khâlmakhâl kardan*
Laune, die	خو	*kho*
Laut, der	صدا بلند	*sada boland*
Leben, das	زندگی	*zendagi*
Lebensende, das	پایان زندگی	*pâyân zendagi*
Lebensweise, die	روش زندگی	*rauwesch zendagi*
Leber, die	جگر/دل	*dschigar*
Lehramtstudium, das	آموزش تعلیم و تربیت	*âmuzesch taliem wa tarbiejat*
Lehrbuch, das	کتاب درسی	*ketâb darsi*
Lehrer, der	معلم	*moalem*
Lehrplan, der	برنامه درسی	*barnâma darsi*
Leib, der	جسم	*deschesm*
Leichnam, der	جسد / جناره	*dschnazi / dschsad*
Leid, das	رنج	*randsch*

leidtun	تاسف خوردن	*tasuf gordan*
leihen	قرض دادن	*qarz kardan*
Leistung, die	عملکرد	*amal kherd*
Leistung, die	کارآئی	*kâriaie*
leiten	هدایت کردن	*hadâjat kardan*
Leiter, der	رئیس	*rajes*
Leiter, die	زینه	*zinna*
Leitung, die	سیم	*ziem*
Lektion, die	فصل	*fasl*
Leser, der	خواننده	*khânada*
Leser, der	خواننده	*khounenda*
Leute, die	مردم	*mardom*
lieben	دوست داشتن	*dost dâschtan*
Lieferant, der	آورنده کالا	*âuranda kahla*
Lieferung, die	کالا(تحویل(	*tawiehl (kahla)*
Lineal, das	خط‌کش	*khatkhasch*
Lippe, die	لب	*lab*
Literatur, die	ادبیات	*adabiât*
Lizenz, die	جواز	*dschwâz*
Lobbyismus, der	لابی‌گری	*lâbi gari*
Lobbyist, der	لابی‌گر	*lâbiest*
loben / anpreisen	تعریف کردن	*tarief kardan*
Logik, die	منطق	*manteq*
logisch adj.	منطقی	*manteqi*
lösen	حل کردن	*hal kardan`*
Lösung, die	حل	*hal*

Lösungsweg, der	راه حل	*râha hal*
Loyalität, die	وفاداری	*wafadari*
Luftpost, die	پست هوائی	*post hauâe*
Lunge, die	شش	*schisch*
machen	کردن	*kardan*
Mädchen, das	دختر	*dokhtar*
Mädchen, das	دختر	*dokhtar*
Magen, der	معده	*meda*
magnetisch adj.	آهن ربائی	*âhan rouba*
mähen	درو کردن	*drau kardan*
Mahnung, die	اخطار	*âkhtâr*
Mahnung, die	یاد آوری	*yad âuwari*
Malerei, die	نقاشی	*naqâeschi*
Management, das	مدیریت	*modierjat*
Manager, der	مدیر	*modier*
Mandat, das	وکالت	*wakhlat*
Manier, die	ادب	*âdab*
Mann, der	مرد	*murd*
männlich adj.	مردانه	*murdana*
manuell adj.	سازدست	*dast sâz*
Manuskript, das	نویس دست	*dast nauws*
Markierstift, der	قلم نشانگر	*qalam neschângar*
Markt, der	بازار	*bâzar*
Marktwirtschaft, die	اقتطاد بازار	*eghtesâd bâzar*
Maschinen, die	ماشین	*maschien*
Massenmedien, die	رسانه گروهی	*resâna gerohe*

Massenproduktion, die	تولید انبوه	*taulid anbaua*
Maßnahme, die	تدبیر	*tadbier*
Materialist, der	ماتریالیستی	*mâterjalesti*
Mathematik, die	ریاضی	*ryâzi*
Medien, die	رسانه	*resâna*
Medizin, die	طب	*teb*
Mehrheit, die	اکثریت	*aksaryat*
Meinung, die	نظر	*nazar*
Meinungsfreiheit, die	آزادی بیان	*âzadi bajân*
Meister, der	استاد	*ustad*
melancholisch adj.	افسرده	*afsurda*
Melodie, die	نغمه	*naghma*
Mensch, der	انسان	*ânsan*
Menschenverstand, der	فهم بشر،فهم آدمی	*fahm âdami*
Mentalität, die	طرز تفکر	*tarz tafekr*
Messing, das	برنج	*berensch*
Metallindustrie, die	صنایع فلزی	*zunâe fielizi*
Metzger, der	قصاب	*qasâb*
Minister, der	وزیر	*wazir*
Ministerium, das	وزارتخانه	*wezârat khâna*
misstrauen	بدگمان بودن	*bad goman bodan*
Misstrauen, das	بدگمانی	*badgomani*
mit erhobenem Haupt	سربلند	*sar belând*
mitarbeiten	همکاری کردن	*ham kâri kardan*
Mitarbeiter der	کارگردان	*kâr gardan*
mitfühlen	همدردی کردن	*hamdardi kardan*

Mitgefühl, das	همدردی	*hamdardi*
mitnehmen	همراه بردن	*ham râh bordan*
Mitschüler, der	هم صنفی	*ham senfi*
mittlere Alter, das	سن وسطی	*sen wasti*
Mobiltelefon (Handy)	تلفن دستی	*telefon dasti*
Moderator, der	گوینده برنامه	*gojenda barnâma*
mögen	میل داشتن	*mahl dâschtan*
möglich	ممکن	*momken*
möglich adj.	ممکن	*momken*
Möglichkeit, die	امکانات	*âmkânât*
montieren	نصب کردن	*nazb kardan*
montieren	نصب کردن	*nasb kardan*
Mord, der	قتل	*qhatel*
Mörder, der	قاتل	*qhâtel*
Mosaik, der	موزائیک	*mosaik*
Motiv, das	انگیزه	*ânghieza*
motivieren	تشویق کردن	*taschwieq kardan*
Mühe, die	کوشش	*khuesch*
Mullah, der	ملا	*mullah*
Mund, der	دهان/دهن	*dahân*
Museum, das	موزیم	*muzjam*
Musik, die	موسیقی	*musiqi*
Muskel, der	عضله	*azala*
mutlos adj.	کم جرات	*kam dschorat*
Mutter, die	مادر	*māder*
Nabel, der	ناف	*nâf*

Nachbar, der	همسایه	*hamsâja*
Nachbarland, das	کشور همسایه	*kheschar hamsaya*
Nachfrage, die	تقاضا	*taqâza*
Nachname, der	تخلص	*takhalus*
Nachricht, die	خبر / پیام	*kabar/ payam*
nachsichtig adj.	برد بار،باگذشت	*bardbar, bazgschat*
Nagel, der	ناخن	*nâkhun*
Nagel, die	میخ	*miekh*
naiv adj.	ساده	*sâda*
Narzissmus, der	خودپرستی	*khod parasti*
Nase, die	بینی	*bini*
Nasenbein, das	استخوان بینی	*ostkhân bini*
national adj.	ملی	*meli*
Nationale	دولت وحدت ملی	*dauwlat wahdat meli*
Nationalhymne, die	سرود ملی	*suraud meli*
Nationalität, die	ملیت	*meljat*
Neffe, der	برادرزاده	*barādar zada*
nett adj.	با محبت/مهربان	*mehrabâhn*
nett adj.	مهربان	*mehrabân*
Netto	خالص	*kahles*
neutrale Staat, der	کشور بی طرف	*kheschwar be taraf*
Nichte, die	خواهرزاده / دختر	*khāhar zada*
Niere, die	گرده	*gorda*
Niveau, das	سطح	*zahta*
Nomade, der	کوچی‌های	*Kutschis*
Note, die	نوت	*not*

Notiz, die	يادداشت	*yad dschat*
Nummer, die	شماره	*schumâra*
Oberhaus („Haus der	مشرانو جرگه) سنا)	*meshro jirga, die*
Oberste Gerichtshof, der	دادگاه عالی	*dadgahâ hâli*
Ofen, der	بخاری	*bokhâri*
Offenheit, die	صراحت	*serhât*
offensichtlich adj.	آشکار	*âschkâr*
öffentliche Schule, die	مکتب دولتی	*maktab dauw-lati*
Ohr, das	گوش	*gusch*
Oma, die	مادرکلان	*māder kalān*
Opa, der	پدرکلان	*pader kalān*
Opportunist, der	طلب فرصت،سازشکار	*firsat qhalab, saz schukar*
Opposition, die	مخالف	*mokhâlef*
Optimismus, der	خوش‌بینی	*khoschbini*
Optimist, der	خوش‌بین	*khoschbin*
optimistisch adj.	خوش‌بین	*khoschbien*
optimistisch sein adj.	خوش‌بین بودن	*khoschbien bodan*
Option, die	اختیار	*ekhtijâr*
Ordnung, die	ترتیب	*tartib*
Organ, das	عضو	*ozu*
Organisation, die	سازمان	*sâzmân*
organisieren	سازمان دادن	*sâzmân dâdan*
Päckchen, das	بسته کوچک پستی	*basta khotschak posti*
Pädagogik, die	علوم تربیت	*olum hoquq*
Parade, die	مارش	*mârsch*
Paragraph, der	مادة	*mâdah*

Parfüm, das	عطر	*atr*
Parlament, das	مجلس نمایندگان	*madschles namâyandegân*
Partei, die	حزب	*hezb*
Paschto	پشتو	*paschto*
Pause, die	تفریح	*tafrih*
Pazifist, der	صلح‌طلب	*sohltalab*
Pensionär, der	متقاعد	*motaqâhidi*
Perfektionist, der	دقیق کار	*daqhieq kâr*
Person, die	شخص	*schakhs*
Person, die	شخص	*schks*
Pessimist, der	بدبین	*badbini*
Pflicht, die	وظیفه	*wazifa*
Pharmazie, die	دوا سازی	*dawu sazi*
Philantrop, der	بشردوست	*baschardost*
Philosophie, die	فلسفه	*falsafa*
Physik, die	فیزیک	*fizik*
Pinsel, der	قلم‌موی	*qalm mui*
Plan, der	پلان	*plan*
planen	پلان کردن	*plan kardan*
plaudern	گپ زدن	*gap zadan*
Poesie, die	شعرسرایی	*scher serâje*
Politik, die	سیاست	*syâsat*
Politiker, der	سیاستمدار	*syâsatmadar*
Politikwissenschaft(en), die	علوم سیاست	*olum syâsat*
politische Aktion, die	اقدامات سیاسی	*eqdâmat syâsi*
politische Macht, die	قدرت سیاسی	*qodrat syâsi*

Porto, das	قیمت پستی	*qimat posti*
Portrait, das	چهره نقاشی	*tschera naqâeschi*
Post, die	پست	*post*
Postamt, das	پسته خانه	*posta khâna*
Postfach, das	صندوق پستی	*sandouq posti*
Postgebühren, die	نرخ پستی	*nerkh post*
Postkarte, die	کارت‌پستال	*kartpost*
Postleitzahl, die	کد پستی	*kode posti*
Poststempel, der	مهر پست	*merpost*
praktisch adj.	عملی	*hamali*
Präsentation, die	سخنرانی	*sekhanrani*
Präsident, der	رئیس جمهور	*rejes daschmur*
Preis, der	قیمت	*qiemat*
Preis, der	نرخ	*nerkh*
Pressefreiheit, die	آزادی رسانه ها	*âzadi rasânaha*
Privatisierung, die	خصوصی سازی	*khosusi sâzi*
Privatschule, die	مکتب شخصی	*maktab schakhsi*
proben	تمرین کردن	*tamrin kardan*
probieren	چشیدن	*tscheschmiedan*
Problem, das	مشکل	*prâblem*
Produktionsmittel, das	وسیله تولید	*wasiel taulid*
Produktionsstätte, die	محل تولید	*mehal taulid*
Produzent, der	تولیدکننده	*taulid kuninda*
Professor, der	پروفیسور	*profaisar*
Profit, der	فایده	*fâjda*
Programm, das	برنامه	*barnâma*

Projekt, das	پروژه	*poura dscha*
Propaganda, die	تبلیغات	*tablighât*
Prospekt, das	پیش منظر	*pesch manzar*
protestieren	اعتراض کردن	*eterâz kardan*
Protokoll, das	پروتوکپل	*protokol*
Provinzregierung, die	دولت ولایتی	*dauwlat wolajati*
Provision, die	پول دلالی	*pull dalili*
Prozess, der	دعوی	*dawâ*
Prüfung, die	امتحان	*ehmtiân*
Psychologie, die	روانشناسی	*roâ âschnâsi*
Pubertät, die	سن بلوغ،دوران بلوغ	*daurân belough*
Publikum, das	تماشاچیان	*tammascha-tschiân*
publizieren	انتشار دادن	*entschâr dâdan*
publizieren	نشر کردن	*nascher kardan*
Putsch, der	کودتا	*kodotâ*
qualifiziert adj.	کار آزموده	*kâr âzmuda*
Rabatt, der	تخفیف	*takhfief*
Rachen, der	گلو	*gelo*
rachsüchtig adj.	انتقامجو	*entegh-âmdschu*
radieren	پاک کردن	*pâk kardan*
radikal adj.	افراطی	*afrâti*
Radio, das	رادیو	*râdio*
Rat, der	شورا	*schura*
Rate, die	قسط	*qasd*
Ratschlag, der	نصیحت	*nasjat*
Reaktion, die	عکس‌العمل	*aksol âmal*

realistisch adj.	حقیقی	*haqhiqhi*
rechnen	حساب کردن	*hesab kardan*
Rechnung, die	حساب	*hesâb*
Recht, das	حق	*haq*
rechtmäßig adj.	قانونی	*qânouni*
Rechtsprechung, die	حکم قضایی	*hokm qhasi*
Rechtssystem, das	نظام حقوقی	*nzâm hoquqi*
rechtswidrig adj.	غیرقانونی	*gair qânouni*
Rechtswissenschaft(en),	علوم حقوق	*olum hoquq*
Regie, die	مدیریت نمایش	*modierjat nomajesch*
Regierung, die	حکومت	*hokumat*
Regionalregierung, die	دولت محلی	*dauwlat mahali*
Reich, das	پادشاهی	*pâdschahi*
Religion, die	دین	*dien*
religiöse Schule, die	مدرسه	*madressa*
Rente, die	تقاعد	*motaqâhidi*
Rentner, der	متقاعدی	*motaqâhidi*
reparieren	تعمیر کردن	*tamrin kardan*
Republik, die	جمهوری	*dschamuri*
Respekt, der	احترام	*ehtrâm*
Ressource, die	منبع	*munba*
Reue, die	پشیمانی	*peschimâni*
rezensieren	نقد کردن	*naqd kardan*
Rhythmus, der	وزن آهنگ	*wâzan âhang*
Richter, der	قاضی	*qazi*
richtig adj.	درست	*dorost*

Roheisen, das	آهن خام	*âhan khâm*
Rohstoff, der	ماده خام	*mohda kham*
Rolle, die	نقش	*naqâesch*
Roman, das	رومان	*roman*
Romantik, die	رمانتیک	*romantek*
Rücken, der	پشت	*pescht*
Rücken, der	پشت	*pescht*
Rücksichtslosigkeit, die	بی رحمی	*be rahmi*
Rücktritt, der	استعفا	*estefâ*
ruhig adj.	آرام	*âhrâm*
Russisch	روسی	*rusi*
Sachbücher, die	کتاب تخصصی	*ketâb takhoussi*
säen	کشت	*khescht*
Sage, die	افسانه	*âfsâna*
Säge, die	اره	*âra*
Samen, der	تخم	*tokhm*
sammeln	جمع کردن	*dscham kardan*
Sammlung, die	کلکسیون	*kaleksion*
Säugling, das	طفل شیرخوار	*tefl schier khor*
Säugling, das	نوزاد	*nauzâd*
Schäfer, der	چوپان	*tschopân*
Schamgefühl, das	احساس شرم	*ehsâs scharm*
Schande, die	عیب	*aib*
scharf adj.	تیز هوش	*tiez husch*
Scharia, die	شرعی	*schara-i*
schätzen	ارزش قائل شدن	*ârzesch qâne schodan*

schätzend adj.	قدردان	*qaderdan*
Schatzmeister, der	خزانه‌دار	*khâzana dâr*
Schauspieler, der	بچه فیلم	*batsche film*
Schauspielerin, die	دختر فیلم	*dokhtar film*
Scheidung, die	طلاق	*talāq*
scheinen	به نظر آمدن	*ba nazar âmadan*
schildern	بیان کردن	*biejân dâdan*
Schlagzeile, die	سرروزنامه	*sar ruz nâmah*
schlussfolgern	نتیجه گرفتن	*natidscha greftan*
schmecken	مزه کردن	*maza kardan*
Schmerz, der	درد	*dard*
Schnur, die	بند	*band*
Schraubenzieher, der	کش‌پیچ	*peschtkasch*
schreien	فریاد زدن	*faryad zadan*
Schriftsteller, der	نویسنده	*newisenda*
Schuld, die	گناه	*gunâh*
Schulden haben	قرض داشتن	*qarz dâschtan*
Schulden, die	قرض	*qarz*
Schüler, der	شاگرد	*schâgerd*
Schulleiter, der	مدیر مکتب	*modir maktab*
Schulpflicht, die	آموزش اجباری	*âmuzesch edschbari*
Schulter, die	شانه	*schâna*
Schultergelenk, das	شانه	*schna*
Schwamm, der	تخته پاک	*takhta pak*
Schwangerschaft, die	حاملگی	*hâmlagi*
schwänzen	از مکتب گریختن	*az maktab gehrkhtan*

Schwefel, der	گوگرد	*gogerda*
Schwester, die	خواهر	*khāhar*
Schwiegermutter, die	خشو	*khuschu*
Schwiegervater, der	خسر	*khusur*
sehen	دیدن	*didan*
sehen	مشاهده کردن	*moschâheda kardan*
Seil, das	طناب	*tanâb*
Seite, die	صفحه	*safa*
Sektor, der	بخش	*bakhsch*
Selbstbewusstsein, das	خود آگاهی	*khod âgâhi*
Selbstdisziplin, die	انضباط شخصی	*enzebât schakhsi*
selbstmord begehen	خودکشی کردن	*khod koschi kardan*
Selbstmord, der	خودکشی	*khod koschi*
Seminar, das	سمینار	*semienar*
Senator, der	سناتور	*senâtor*
senil adj.	کهنسال	*kohna-sâl*
senil werden	سالخورده شدن	*sâl khurda schodan*
Senior, der	کلان سال	*khalân sâl*
Show, die	برنامه	*barnâma*
sich bemühen adj.	کوشش کردن	*khuesch kardan*
sich blicken lassen	سر زدن	*sar zadan*
sich gewöhnen an	عادت کردن به	*adat kardan*
sich konzentrieren	تمرکز کردن	*tamrkhoz kardan*
sich schämen	شرمیدن	*scharmidan*
sich sehnen nach	دل‌تنگ شدن برای	*del tang schoden barâje*
Sicht, die	دید	*died*

sichtbar adj.	آشکار /مشهود	*aschkâr*
Silber, das	نقره	*noqra*
singen	بیت خواندن	*bait khândan*
Sinn, der	حس	*hes*
Sinn, der	معنی	*mahna*
Situation, die	وضعیت	*wasjat*
Sitz, der	مقر	*maqher*
sitzen bleiben	ناکام ماندن	*nâkam mândan*
Sitzung	جلسه،نشست	*neschast, dschalsa*
Skepsis, die	شک	*schak*
Skizze, die	طرح	*tarh*
Skulptur, die	مجسمه	*modschasema*
Sohn, der	پسر	*pesar*
Soldat, der	سرباز	*sarbâz*
Solidarität, die	همبستگی	*hambastagi*
Sorte, die	قسم،نوع	*qesm, nauwa*
Sozialwissenschaft, die	جامعه‌شناسی	*dschma schensi*
Sozialwissenschaft(en), die	شناسی‌جامعه	*dschâmeschenâsi*
spannend adj.	هیجان‌انگیز	*hayedschân ângiez*
Spannung, die	تنش، هیجان ،تشنج	*tanesch, hajadschan, tandschesch*
sparen	جویی کردن‌صرفه	*zarf dschu kardan*
Sparkonto, das	حساب پس‌انداز	*hesâb pasândaz*
Spaß, der	شوخی	*schokhi*
Spaten, der	بیل	*biel*
Speichel, die	آب دهان	*âb dahân*
Speiseröhre, die	مری	*mehri*

Spekulation, die	سفته بازی	*softah bâzi*
spicken	نقل کردن	*naqel kardan*
spontan adj.	دفهتن،ناگهنان	*dafatân, nâgeh hana*
Sport, der,	ورزش	*warzesch*
Sprache, die	لسان	*lesân*
Sprecher, der	سخنگو	*sukhangu*
Staat, der	دولت	*daulat*
Staatsbürger, der	شهروند	*scharwand*
Staatsbürgerschaft, die	تابعیت	*tabiejat*
Staatschef, der	رئیس دولت	*rehes dauwlat*
Staatsregierung, die	دولت	*daulat*
Staatswesen, das	نظام کشور	*nezâm kheschwar*
Stahlwerk, das	فولاد سازی	*fould sazi*
Stall, der	طویله	*tawala*
Stamm, der	قبیله	*qabiela*
Standpunkt, der	دیدگاه	*diedga*
Steinkohle, die	زغال‌سنگ	*zulghâl zendgi*
Stellung, die	مقام،جا ,شغل	*moqaham, schukhul, dschâ*
sterben	فوت کردن	*fauad kardan*
sterblich adj.	مردنی	*mordani*
Sternchen, das	ستاره سینما	*setâra cinmâ*
Steuer, die	مالیات	*mâliat*
Steuer, die	مالیات	*mâlit*
Steuerhinterziehung, die	فرار از پرداخت مالیات	*frâr az pardokht mâliat*
Stift, der	خود کار	*khod kâr*
Stigma, das	داغ ننگ	*dâgh nâng*

Stimme, die	آواز	*âvâz*
Stimmung, die	خلق و خوی	*kholeq wa khu*
Stipendium, das	بورس تحصیلی	*burs tahsili*
Stirn, die	پیشانی	*peschâni*
Stirnbein, das	استخوان پیشانی	*ostokhân peschâni*
stolz sein	افتخار کردن	*eftkhâr kardan*
Streik, die	اعتصاب	*etsâb*
Streit, der	دعوا	*dawu*
strikt, streng adj.	گیرسخت	*saktgir*
Student, der	محصل	*mohasel*
Studiengebühren, die	فیس دانشگاه	*feese dâneschgha*
Stufe, die	طبقه	*tabaqa*
Stuhl, der	چو کی	*tschauki*
Stunde, die	ساعت	*zahat*
stur adj.	سرسخت	*sar sakht*
Sultanat, das	سلطان	*sultan*
Szene, die	صحنه	*sahnah*
Tafel, die	تخته	*takhta*
Tagebuch, das	زندگی نامه	*zendagi nâhma*
Tagelöhner, der	کارگر روزمره	*kârgar ruz mara*
Tageszeitung, die	روزنامه	*ruz nâmah*
Taille, die	کمر	*kamar*
Talent, das	استعداد	*estedâd*
Tante, die (mütterlicherseits)	خاله	*khla*
Tante, die (väterlicherseits)	عمه	*hama*
Tanz, der	رقص	*raqs*

Tasche, die	بکس	*baks*
Taschenbuch, das	کتاب جیبی	*ketâb dschibi*
Tätigkeit, die	فعالیت	*faljât*
Technik, die	تکنیک	*tekniek*
Technische Hochschule, die	دانشگاه تخنیک	*dâneschga takhniek*
Technologie, die	تکنولوژی	*teknaulodschi*
Teil, das	پرزه	*puzra*
teilnehmen	اشتراک کردن	*eschterâk kardan*
Telefon, das	تلفن	*telfon*
Telefonauskunft, die	اطلاعات تلفن	*etalahat telfon*
Telefonbuch, das	دفتر تلفن	*daftar telfon*
telefonieren	تلفن زدن کردن	*telfon zadan kardan*
Telefonkarte, die	کارت تلفن	*kard telfon*
Telefonnummer, die	شماره تلفن	*schumara telfon*
Termin, der	قرار ملاقات	*qarâr moulaqat*
Text, der	متن	*matan*
Theater, das	تئاتر	*theater*
Thema, das	موضوع	*mauzo*
Tippfehler, der	اشتباه تایپی	*aschtiba taipi*
Tischler, der	نجار	*nadschar*
Titel, der	عنوان	*enwân*
Titelseite, die	صفحه اول روزنامه	*safa âwal ruz nâmah*
Titelseite, die	عنوان کتاب	*ounwan ketâb*
Tochter, die	دختر	*dokhtar*
Toleranz, die	شکیبایی	*schekhajajih*
tolerieren	مدارا کردن	*modâra kardan*
Ton, der	آهنگ	*âhang*

Totenbett, das	بستر مرگ	*bestar marg*
Tragödie, die	فاجعه	*fadscha*
transparent adj.	شفاف	*schafâf*
Trauer, die	سوگ	*sokhut*
traurig adj.	غمگین	*ghamgien*
Trauung, die	عقد	*aghd*
Trauzeuge, der	شاهد عقد	*schadied aghd*
treffen	ملاقات کردن	*molâqât kardan*
Treffen, das	دیدار	*diedar*
Trennung, die	جدایی	*dschodie*
Treue, die	وفاداری	*wafadari*
Trommel, die	دهل	*dohl*
Typ, der	نوع	*nauwa*
Überblick, der	نگاه کلی	*negâh kole*
Übergabe, die	تحویل	*tauhiel*
überlegen	فکر کردن	*fekr kardan*
übernehmen	به عهده گرفتن	*ba ehda greftan*
Übersetzen, das	ترجمه کردن	*tardschoma kardan*
Überweisung, die	حواله	*hawâla*
überzeugen	قانع کردن	*qâne kardan*
Überzeugung, die	باور / قناعت	*qanayat / bâwar*
Übung, die	تمرین	*tamrin*
Umgang, der	معاشرت	*moâsherat*
Umsatz, der	فروش ,درآمد	*darâmad, fursch*
unabhängige Staat, der	کشور مستقل	*kheschwar mostaqel*
Unabhängigkeit	استقلال	*esteghlâl*

unattraktiv adj.	غیر جالب /دلچسپ	*khair dschlub / del tschesp*
unbegabt adj.	بی‌استعداد	*be âstidad*
unerfahren adj.	بی‌تجربه	*betschorba*
unfähig adj.	ناتوانایی	*nâtawân*
unfair adj.	بی‌انصاف	*bi insâf*
ungerecht adj.	ناعادلانه	*nâ hadalâna*
Ungerechtigkeit, dide	بی‌عدالتی	*be edâlati*
ungezwungen adj.	ساده،بی‌تشریفات	*sâda, betaschriefât*
Universität, die	دانشگاه	*dâneschga*
unmöglich adj.	غیر ممکن	*gair-e momken*
unordentlich adj.	نامنظم	*nâ monazam*
Unpünktlichkeit, die	وقت‌نشناس	*waqt nâschnas*
Unschuld, die	بی‌گناهی	*be gunâhi*
unterbrechen	قطع کردن	*qata kardan*
Unterhaltung, die	سرگرمی	*sargarmi*
unternehmen	اقدام کردن	*âghdâm kardan*
Unternehmen, das	شرکت	*scherkat*
Unterrichtstunde, die	ساعت درسی	*zahat darsi*
unterschreiben	امضا کردن	*emzâ kardan*
unterstellen	متهم کردن	*motahiem kardan*
untreu adj.	بی‌وفا	*biwafa*
Unzuverlässigkeit, die	نامطمئنی،غیرقابل اعتمادی	*qhair qabul etimad*
Urheberrecht, das	حق طبع و نشر	*haq zahba wa nascher*
Urteil, das	حکم	*hokm*
Urteil, das	قضاوت	*qazâwat*
Vater, der	پدر	*padar*

verabreden	قرار ملاقات گذاشتن	*qarar molaqat gozschtan*
verachten	تحقیر کردن	*taqer kardan*
verändern	تغییر دادن	*takhir kardan*
Veranstaltung, die	محفل	*mahfill*
verantwortungsbewusst	شناس‌وظیفه	*wazifa schneâs*
verbessern	بهتر شدن	*betar schodan*
verbinden	وصل کردن	*wasel kardan*
Verbindung, die	ارتباط	*ertibât*
Verbindung, die	تماس	*tamass*
Verbot, das	منع	*mane*
Verbrechen, das	جنایت	*dschnâjat*
Verdacht, der	شک	*schak*
verfahren	شیوه عمل	*schiwa amal*
Verfahren, das	شیوه عمل	*schiwa amal*
Verfassung, die	قانون اساسی	*qânoun âsasi*
verfügen	حکم کردن	*hokm kardan*
vergessen	از یاد بردن	*az jâd bordan*
verhalten	رفتار کردن	*raftar kardan*
verhalten,	رفتار کردن	*raftar kardan*
Verhalten, das	رفتار	*raftâr*
Verhalten, das	سلوک	*sulaukhat*
Verhältnis, das	رابطه	*râbeta*
verhandeln	بحث , گفت‌وگ کردن	*bas, guftigu kardan*
verhindern	جلوگیری کردن	*dschelaugirie kardan*
Verkäufer, der	فروشنده	*foreschenda*
Verlag, der	انتشارات،موسه	*mahasa ,entscharti*

verlangen	تقاضا کردن	*taghâzâ kardan*
verlassen	ترک کردن	*tark kardan*
Verleger, der	ناشر	*nâschar*
verleihen	قرض دادن	*qarz dâdan*
verlieben	عاشق شدن / دل باختن	*ehscheq schodan*
Verlobung, die	نامزدی	*nāmzadi*
Verlobungsring, der	چله نامزادی	*tschela nāmzadi*
Verlust, der	ضرر	*zarar*
vermeiden	اجتناب کردن	*âdschtab kardan*
vermieten	کرایه دادن	*kerja dâdan*
vermissen	تنگ شدن‌دل	*del tang schodan*
Vermögen, das	ثروت / دارایی	*dârâie / serwat*
vermuten	گمان کردن	*gumân kardan*
Vermutung, die	گمان ,حدس	*hadss, gumân*
Vernunft, die	منطق	*manteq*
vernünftig adj.	منطقی	*manteqi*
Veröffentlichung, die	نشر	*naschir*
Verpflichtung, die	وظیفه ,مکلفیت	*mohkaliefat, wazifa*
verraten	خیانت کردن	*khienât kardan*
verrückt adj.	دیوانه	*dewânna*
versammeln	گرد هم آمدن	*gerda ham âmada*
Versammlung, die	گردهمایی	*gerdhamjey*
Versammlungsfreiheit, die	آزادی اجتماع	*âzadi edschtemâe*
versetzt werden	ارتقا کردن	*erteqâ kardan*
Versicherung, die	بیمه	*biema*
versprechen	قول دادن	*qaoul dâdan*

Verstaatlichung, die	ملی‌سازی	*meli sâzi*
Verstand, der	فهم	*fahm*
verständlich adj.	قابل فهم	*qâbel fam*
Verständnis, das	درگ	*dark*
verstehen	فهمیدن	*fahmidan*
versuchen	کوشش کردن	*kuschesch kardan*
verteidigen	دفاع کردن	*defâ kardan*
Verteidiger, der	وکیل مدافع	*wakil modâfe*
vertiefen	تر کردنعمیق	*hameq tar kardan*
Vertrag, der	قرارداد	*qarâradâd*
vertrauen	اعتماد کردن	*etimâd kardan*
Vertrauen, das	اعتماد	*etimâd*
Vertreter, der	نماینده	*nomâienda*
Vertretung, die	نمایندگی	*nomâiendagi*
Vertrieb, der	پخش کالا ,فروش	*forsch, paksch kahla*
Verurteilung, die	محکومیت	*mahkumiat*
verwalten	مدیریت کردن	*modierjat kardan*
Verwandte, die	خویشاوند	*kheschawand*
verwenden	بکار بردن	*bakâr bordan*
verzichten	صرفنظر کردن	*zarfnâzar kardan*
verzweifelt adj.	مایوس شده	*mâyus schoda*
Verzweiflung, die	مایوسی	*mâyus*
Vieh, das	مواشی،مال	*mauheschi, mâl*
Viehzucht, die	مالداری	*mâl dâri*
vielleicht	شاید	*schâjad*
Visitenkarte, die	کارت ویزیت	*kard wazirat*

Vizepräsident, der	معاون رئیس‌جمهور	*mawân rejes daschmur*
Vokabel lernen	لغت خواندن	*loghat khandan*
Volk, das	مردم	*mardom*
Volksrepublik, die	جمهوری خلق	*dschamuri khalq*
Volkswirtschaft, die	اقتصاد ملی	*eqtesâd meli*
vollkommen adj.	کامل	*khomol*
Vollmacht erteilen	وکالت‌نامه دادن	*waukalât nâma dâdan*
Vollmacht, die	وکالت	*waukalât*
vorbereiten	آماده گرفتن	*âmada greftan*
Vorbereitung, die	آمادگی	*âmâdagi*
Vorfreude, die	خوشی پیش از وقت	*khoschi pesch az waqt*
Vorgang, der	روند	*rauand*
Vorgehen, das	پیش رفتن	*peschraftan*
Vorname, der	نام	*nâm*
vorschlagen	پیشنهاد کردن	*peschneâd kardan*
Vorschule, die	مکتب آمادگی	*maktab âmadgi*
vorstellen	تصور کردن	*tasweer kardan*
Vorstellung, die	تصور	*taswir*
Vorteil, der	فایده	*fâjida*
Vorwahlnummer, die	کد تلفن	*kod telfon*
vorwerfen	تهمت زدن	*tomat kardan*
Vorwort, das	پیشگفتار	*peschguftar*
Vorwort, das	مقدمه	*moqhdoma*
wachsen	پیشروی کردن،رشد کردن	*roschd kardan*
Wachstum, das	رشد	*roschd*
wagen	جرات کردن	*dschorat kardan*

Wahl, die	انتخاب	*entekhâb*
Wahlen, die	انتخابات	*entekhâbat*
Wahrheit, die	حقیقت	*haqiqat*
wahrnehmen	حس کردن	*hes kardan*
wahrscheinlich adj.	احتمالا	*etemalân*
Währung, die	پول	*pul*
Waise, die	یتیم	*yatem*
Ware, die	جنس	*dschens*
warten	منتظر بودن	*montazar bodan*
Warteraum, der	اتاق انتظار	*eteheq entzar*
Wechseljahre, die	سالهاس عقیم شدن زن	*sâle haqjam schodan zan*
wechseln	تبدیل کردن	*tabdiel kardan*
weiblich adj.	زنانه	*zanäna*
Weide, die	چراگاه	*tscharga*
Weise, die	طریقه ,قسم	*qesm, tarehq*
weitermachen	ادامه دادن	*âdâma dadan*
Weltmarkt, der	بازار جهانی	*bâzar dschahâni*
Weltwirtschaft, die	اقتصاد جهانی	*eqtesâd dschahâni*
Werbung, die	اعلان	*elân*
Werkstatt, die	تعمیرگاه	*tamerien ga*
Wettbewerb, der	رقابت	*reqâbat*
Wiederholung, die	تکراری	*tekrari*
wiederkennen	بازشناختن	*bâz schenkhtan*
Wiese, die	چمن	*tschaman*
Wimper, die	مژه	*mozschra*
Wirbelsäule, die	ستون فقرات	*sutun feqarat*

Wirklichkeit, die	واقعیت	*wâqijat*
Wirtschaft, die	اقتصاد	*eghtesâd*
Wirtschaftspolitik, die	سیاست اقتصادی	*syâsat eqtesâdi*
Wissenschaft(en), die	علم	*olum*
Wissenschaftler, der	دانشمند	*dânschmând*
wissenschaftlich adj.	علمی	*elmi*
Witwe, die	بیوه	*biwa*
Wohlgeruch, der	شمیم/بوی خوش	*bui khosch*
Wohnort, der	محل اقامت	*mahal âqamat*
wollen	خواستن	*khâstan*
Wörterbuch, das	فرهنگ لغت	*farhang loghat*
Wörterbuch, das	کتاب لغت	*ketâb loghat*
Wörterregister, das	فهرست لغات	*ferest loghat*
wünschen	آرزو داشتن	*ârzu dâschtan*
wünschen	آرزو داشتن	*ârzu dâschtan*
Wut, die	خشم	*khaschm*
Zahlungskondition, die	شرط پرداخت	*schart pardakhtan*
Zahn, der	دندان	*dandân*
Zange, die	انبور	*ânbur*
Zehe, die	انگشت پا	*angoscht pâ*
Zeichnen, das	رسم کردن	*rasm kardan*
Zeichner, der	رسام	*rasâm*
Zeichnung, die	رسم	*rasm*
Zeitschrift, die	مجله	*madschala*
Zelle, die	حجره	*hudschara*
Zensur, die	سانسور	*senzor*

Zentralregierung, die	دولت مرکزی	*dauwlat markazi*
Zeremonie, die	تشریفات	*tscherjahat*
Zeuge, der	شاهد	*schâhed*
Ziel, das	هدف	*hadaf*
zielen	هدف گرفتن	*hadaf greftan*
Zins, der	سود	*soud*
Zirkel, der	دایره کش	*dârja kasch*
Zitat, das	نقل قول	*naqle ghoul*
Zivilgesellschaft, die	جامعه مدنی	*dschoma madani*
Zoll, der	گمرک	*gomrok*
zornig adj.	عصبانی	*asabâna*
Zu Ende bringen	به پایان رساندن	*ba pâyan kardan*
züchten	پرورش دادن	*parwaresch dâdan*
Zufall, der	تصادف	*tasâdof*
zufrieden adj.	قانع،راضی	*qâne, râzi*
zufrieden sein	راضی بودن	*râzi bodan*
Zuhörer, der	شنوندگان	*schenawenda-ghân*
Zulassung, die	پذیرش دانشگاه	*pazesresch dâneschga*
zunehmen	زیاد شدن	*zahâd schodan*
Zunge, die	زبان	*zebân*
zusagen	جواب مثبت دادن	*dschwâb mozbat dâdan*
Zusammenarbeit, die	همکاری	*hamkâri*
Zusammenfassung, die	جمع‌بندی	*dschma bandi*
zuschauen	نگاه کردن	*negah kardan*
Zuschauer, der	تماشاچیان	*tamschtschien*
zustellen	تحویل دادن به	*tauhiel dâdan ba*

zustimmen	موافقت کردن	*maufaqat kardan*
Zuverlässigkeit, die	اطمینان	*etmienân*
Zweck, der	مقصد	*maqsad*
Zyniker, der	زبان‌دارآدم زخم	*zakhm zeban*

KAPITEL 14

REGISTER

14. 2 REGISTER DARI - DEUTSCH فهرست لغات دری

آرزو داشتن	wünschen	*ârzu dâschtan*
آهنگ ساختن	komponieren (Teile)	*âhang sakhtan*
از یاد حفظ کردن	auswendig lernen	*az yad hafz kardan*
املا گفتن	diktieren	*himlâ guftan*
تجارت کردن	Handel treiben	*tedschart kardan*
خسر	Schwiegervater, der	*khusur*
خو	Laune, die	*kho*
خیال پرستی	Idealist, der	*khiyâl parasti*
درگ	Verständnis, das	*dark*
سفارش کردن	empfehlen	*sefâresch kardan*
سیاه پوست	dunkelhäutig adj.	*sijâh post*
صبر / تحمل / حوصله کردن	dulden	*sabr / tamul / hausula kardan*
صدا بلند	Laut, der	*sada boland*
صوت صدا	Klang, der	*sada, sout*
قلم نشانگر	Markierstift, der	*qalam neschângar*
مفاد سهم	Gewinnanteil, der	*moufied sam*
نا توانایی	Kompetenzlosigkeit, die	*nâ tawanaie*
نکاح نامه	Ehevertrag, der	*nikka nâma*
نگران بودن	besorgt sein	*negahrân bodan*
وضعیت	Situation, die	*wasjat*
)پرده) صحنه نمایش	Akt, der	*parda sahna noumajesch*
)حالت صورت) چهره	Gesichtsausdruck, der	*halat zurat (Tsche-raha)*
آب دهان	Speichel, die	*âb dahân*
آبیاری کردن	bewässern	*âbjahr kardan*
آخرت	Jenseits, das	*âhkharat*

آدرس	Adresse, die	*âdrass*
زبان‌دارآدم زخم	Zyniker, der	*zakhm zeban*
آرام	ruhig adj.	*âhrâm*
آرزو داشتن	wünschen	*ârzu dâschtan*
آرنج	Ellbogen, der	*âriendsch*
آزادی اجتماع	Versammlungsfreiheit, die	*âzadi edschtemâe*
آزادی بیان	Meinungsfreiheit, die	*âzadi bajân*
آزادی رسانه ها	Pressefreiheit, die	*âzadi rasânaha*
آزمایش	Erprobung, die	*âzmâesch*
آشکار	offensichtlich adj.	*âschkâr*
آشکار /مشهود	sichtbar adj.	*aschkâr*
آشنا	Bekannte, der	*âschna*
آشنا شدن	kennenlernen	*âschna schodan*
آفرینندگی / خلاقیت	Kreativität, die	*khâlfahat*
آگاهانه	bewusst adj.	*âgâhjiâna*
آگاهی	Kenntnis, die	*âgâhji*
آلمانی	Deutsch	*âlmani*
آلومینیوم	Aluminium, das	*alimuniem*
آمادگی	Vorbereitung, die	*âmâdagi*
آماده	bereit adj.	*âmada*
آماده کمک	hilfsbereit adj.	*âmda komak*
آماده گرفتن	vorbereiten	*âmada greftan*
آموزش	Bildung, die	*âmuzesch*
آموزش	Ausbildung, die	*âmuzesch*
آموزش اجباری	Schulpflicht, die	*âmuzesch edschbari*
آموزش تعلیم و تربیت	Lehramtstudium, das	*âmuzesch taliem wa tarbiejat*

آموزش دادن	ausbilden	*âmuzesch dâdan*
آموزش مسلکی	Fachausbildung, die	*âmuzesch maslaki*
آنتن	Antenne, die	*âten*
آهک	Kalk, der	*âhak*
آهن	Eisen, das	*âhan*
آهن خام	Roheisen, das	*âhan khâm*
آهن‌ربائی	magnetisch adj.	*âhan rouba*
آهنگ	Ton, der	*âhang*
آهنگسازی	Komposition, die (Lied)	*âhang sazi*
آواز	Gesang, der	*avâz*
آواز	Stimme, die	*âvâz*
آورنده کالا	Lieferant, der	*âuranda kahla*
ائتلاف	Koalition, die	*ahtelâf*
ابرو	Augenbraue, die	*abru*
اتاق انتظار	Warteraum, der	*eteheq entzar*
اتحاد	Einheit, die	*etihad*
اتحادیه	Bund, der	*etahâdea*
اتهام	Anklage, die	*ethâm*
اثر کردن	bewirken	*âser kardan*
اجازه	Erlaubnis, die	*edschaza*
اجازه دادن	erlauben	*edschâza dâdan*
اجتناب کردن	vermeiden	*âdschtab kardan*
اجرا کردن	ausführen	*âdschra kardan*
احترام	Respekt, der	*ehtrâm*
احتمالا	wahrscheinlich adj.	*etemalân*

احتیاج	Bedürfnis, das	*etijâdsch*
احتیاط کردن	Achtgeben	*ethjat kardan*
احساس	Empfindung, die	*ehsas*
احساس	Gefühl, das	*eheâs*
احساس شرم	Schamgefühl, das	*ehsâs scharm*
احساسات	Emotion, die	*ehsâhâst*
احساساتی	emotional adj.	*ehsâsâti*
اختراع	Erfindung, die	*âkhtere*
اختراع کردن	erfinden	*âkhtere kardan*
اختصار	Abkürzung, die	*ekhtsâr*
اختیار	Option, die	*ekhtijâr*
اخطار	Mahnung, die	*âkhtâr*
اخطار دادن	ermähnen	*âkhtâr dâdan*
اداری , دفتر	Büro, das	*daftar, adari*
ادامه دادن	weitermachen	*âdâma dadan*
ادب	Manier, die	*âdab*
ادبیات	Literatur, die	*adabiât*
ادعا	Anspruch, der	*âda*
ارتباط	Verbindung, die	*ertibât*
ارتقا کردن	versetzt werden	*erteqâ kardan*
ارزش قائل شدن	schätzen	*ârzesch qâne schodan*
ارسال عجله	Eilsendung, die	*ersâl hadschli*
ارسال کردن	beliefern	*ersal kadan*
ارسال های داخلی	Inlandpost, die	*ersâlha dâkehlie*
اره	Säge, die	*âra*

از مکتب گریختن	schwänzen	*az maktab gehrkhtan*
از یاد بردن	vergessen	*az jâd bordan*
ازدحام	Drang, der	*ezadâm*
سبک کردن،اسان	erleichtern	*ahsan / sobek kardan*
استاد	Meister, der	*ustad*
استخدام شدن	anstellen (sich)	*âstkhdam schodan*
استخدام کردن	einstellen	*estkhdam kardan*
استخراج معدن	Bergbau, der	*estakhradsch madan*
استخوان	Knochen, der	*ostokhân*
استخوان بینی	Nasenbein, das	*ostkhân bini*
استخوان پیشانی	Stirnbein, das	*ostokhân peschâni*
استدلال کردن	argumentieren	*estlâl kardan*
استعداد	Talent, das	*estedâd*
استعفا	Rücktritt, der	*estefâ*
استفاده کردن	benutzen	*estfâda kardan*
استقلال	Unabhängigkeit	*esteghlâl*
استنباط	Annahme, die	*estansebat*
اسلام‌شناسی	Islamwissenschaft(en), die	*eslâm schensi*
اشاره کردن	hinweisen	*âschera kardan*
اشتباه	Irrtum, der	*eschtebâ*
اشتباه تایپی	Tippfehler, der	*aschtiba taipi*
اشتباه کردن	einen Fehler begehen	*eschtebâ kardan*
اشتراک کردن	teilnehmen	*eschterâk kardan*
اشتها	Appetit, der	*eschtijâ*
اشغال	Besetzung, die	*eschghâl*

اشغال‌گر	Besatzung, die (Militär)	*eschkhalgari*
اصلاح کردن	etwas verbessern	*eslâh kardan*
اطلاع دادن	Bescheid geben	*etâlha dâdan*
اطلاعات تلفن	Telefonauskunft, die	*etalahat telfon*
اطلاعیه	Anzeige, die	*etlaja*
اطمینان	Zuverlässigkeit, die	*etmienân*
اعتراض	Einspruch, der	*eterâz*
اعتراض کردن	protestieren	*eterâz kardan*
اعتصاب	Streik, die	*etsâb*
اعتماد	Vertrauen, das	*etimâd*
اعتماد کردن	vertrauen	*etimâd kardan*
اعلان	Werbung, die	*elân*
افتتاح	Einweihung, die	*âftita*
افتتاح کردن	einweihen	*âftita kardan*
افتتاح کردن	Konto eröffnen	*aftita kardan*
افتخار کردن	stolz sein	*eftkhâr kardan*
افراطی	radikal adj.	*afrâti*
افسانه	Sage, die	*âfsâna*
افسرده	melancholisch adj.	*afsurda*
افق	Horizont, der	*âfahaq*
اقتصاد	Wirtschaft, die	*eghtesâd*
اقتصاد جهانی	Weltwirtschaft, die	*eqtesâd dschahâni*
اقتصاد ملی	Volkswirtschaft, die	*eqtesâd meli*
اقتطاد بازار	Marktwirtschaft, die	*eghtesâd bâzar*
اقدام کردن	unternehmen	*âghdâm kardan*

اقدامات سیاسی	politische Aktion, die	*eqdâmat syâsi*
اقرار کردن	eingestehen	*âqrâr kardan*
اکادمی	Akademie, die	*âkademie*
اکثریت	Mehrheit, die	*aksaryat*
امارات	Emirat, das	*emârat*
امپراتوری	Imperium, das	*empartouri*
امتحان	Prüfung, die	*ehmtiân*
امتیاز	Konzession, die	*âmtiez*
امضا کردن	unterschreiben	*emzâ kardan*
امکانات	Möglichkeit, die	*âmkänât*
امور مالی	Finanzen, die	*âmur mâli*
امید	Hoffnung, die	*omid*
امید وار بودن	hoffen	*omidwar bodan*
انبور	Zange, die	*ânbur*
انتخاب	Wahl, die	*entekhâb*
انتخابات	Wahlen, die	*entekhâbat*
انتشار دادن	publizieren	*entschâr dâdan*
انتظار داشتن	erwarten	*entezâr dâschtan*
انتقاد کردن	kritisieren	*etiqâd kardan*
انتقامجو	rachsüchtig adj.	*entegh-âmdschu*
انجمن	Gemeinschaft, die	*andeschman*
انجنیری	Ingenieurwesen, das	*indschinjar*
اندام	Figur, die	*ândam*
انسان	Mensch, der	*ânsan*
انستیتوت	Institut, das	*Instietut*

انصاف	Fairness, die	*insâf*
انضباط	Disziplin, die	*enzebât*
انضباط شخصی	Selbstdisziplin, die	*enzebât schakhsi*
انفورماتیک	Informatik, die	*enformatik*
انگشت	Finger, der	*angoscht*
انگشت پا	Zehe, die	*angoscht pâ*
انگشت شست	Daumen, der	*angoscht schast*
انگیزه	Motiv, das	*ânghieza*
اهل فن	fachkundig adj.	*âhal fan*
ایجاد کردن	gründen	*âdschad kardan*
با ادب	anständig adj.	*ba âdab*
با استعداد	begabt adj.	*ba estidâhad*
توانایی داشتن،با استعداد	Fertigkeiten, die	*daschtan tawânâji ,ba estidâhad*
با محبت/مهربان	nett adj.	*mehrabâhn*
باریک	dünn adj.	*bârik*
بازار	Markt, der	*bâzar*
بازار جهانی	Weltmarkt, der	*bâzar dschahâni*
بازار خارجی	Außenmarkt, der	*bâzar kharedschi*
بازار سهام	Börse, die	*bâzar zahm*
بازشناختن	wiederkennen	*bâz schenkhtan*
بازو	Arm, der	*bâzu*
شناسیباستان	Archäologie, die	*bâztan schenâsi*
بافت	Gewebe, das	*bafat*
برد بار،باگذشت	nachsichtig adj.	*bardbar, bazgschat*
بالغ	Erwachsene, der	*bâlgh*

بالغ شدن	erwachsen adj.	*bâlgh schodan*
بانک	Bank, die	*bank*
باور / قناعت	Überzeugung, die	*qanayat / bâwar*
باور داشتن	glauben	*bewâr dâschtan*
بچه فیلم	Schauspieler, der	*batsche film*
بحث , گفت‌وگ کردن	verhandeln	*bas, guftigu kardan*
بخاری	Ofen, der	*bokhâri*
بخش	Abteilung, die	*bakhsch*
بخش	Sektor, der	*bakhsch*
بخش کتاب	Kapitel, das	*bakhsch ketab*
بخشش	Erlass, der	*bakhsch*
بدبین	Pessimist, der	*badbini*
بدست آوردن	erreichen	*ba dast âwardan*
بدقواره	hässlich adj.	*bad qawâra*
بدگمان بودن	misstrauen	*bad goman bodan*
بدگمانی	Misstrauen, das	*badgomani*
بدن	Körper, der	*badan*
برادر	Bruder, der	*barādar*
برادرزاده	Neffe, der	*barādar zada*
برادری	Brüderlichkeit, die	*brâdari*
برتری دادن	bevorzugen	*bar tari dâdan*
برداشت	Eindruck, der	*bardascht*
برداشت	Eindruck, der	*barschascht*
برعکس	Gegenteil, das	*bar haqs*
برقی	elektrisch adj.	*barqi*

برمه	Bohrer, der	*barma*
برمه برقی	Bohnermaschine, die	*barma barqi*
برنامه	Programm, das	*barnâma*
برنامه	Show, die	*barnâma*
برنامه درسی	Lehrplan, der	*barnâma darsi*
برنامه های کودکان	Kindersendungen, die	*barnâma hai khodankân*
برنج	Messing, das	*berensch*
برونگرایی	extrovertiert adj.	*birun garâie*
بزرگ	groß adj.	*bezorg*
بزرگ سال	Erwachsener	*bozorg sâl*
بزرگ شدن	aufwachsen	*bozorg schodan*
بزرگی	Größe, die	*bozorgi*
بستر مرگ	Totenbett, das	*bestar marg*
بسته کوچک پستی	Päckchen, das	*basta khotschak posti*
بشردوست	Philantrop, der	*baschardost*
بطور خودکار	automatisch adj.	*batuwar khod kâr*
بکار بردن	verwenden	*bakâr bordan*
بکس	Tasche, die	*baks*
بند	Schnur, die	*band*
بنیاد گرایی	Fundamentalismus, der	*bonyad gari*
به پایان رساندن	Zu Ende bringen	*ba pâyan kardan*
به حرکت در آوردن	bewegen	*ba harakat dar âwardan*
به خاک سپردن	beerdigen	*ba khak supordan*
به رسمیت شناختن	anerkennen (amtlich)	*ba rasmijat schenâkhtan*
به عهده گرفتن	übernehmen	*ba ehda greftan*
به فرزندی گرفتن	adoptieren	*ba farsandi gereftan*

به لرزه درآوردن	erschüttern	*ba larza dar âuwardan*
به میراث گذاشتن	erben	*ba miras gozâschtan*
به نظر آمدن	scheinen	*ba nazar âmadan*
به هیجان آوردن	begeistern adj.	*ba hajdschân âwardan*
به یاد آوردن	In Erinnerung rufen	*ba jâd âwardan*
بهانه	Ausrede, die	*banâh*
بهتر شدن	verbessern	*betar schodan*
بو	Geruch, der	*bui khosch*
بودجه	Etat, das	*budi-dscha*
بورس تحصیلی	Stipendium, das	*burs tahsili*
بی رحمی	Rücksichtslosigkeit, die	*be rahmi*
رنگ بی /کم	blass adj.	*bi/ kam rang*
بی‌استعداد	unbegabt adj.	*be âstidad*
بیان کردن	schildern	*biejân dâdan*
بی‌انصاف	unfair adj.	*bi insâf*
بیت خواندن	singen	*bait khândan*
بی‌تجربه	unerfahren adj.	*betschorba*
ساده،بی‌تشریفات	ungezwungen adj.	*sâda, betaschriefât*
بی‌تفاوت	gleichgültig adj.	*betaufawat*
بی‌خدا	Atheist, der	*bekhodâ*
بی‌عاطفه	gefühllos adj.	*beâtefa*
بی‌عدالتی	Ungerechtigkeit, dide	*be edâlati*
بی‌علاقه	desinteressiert adj	*be hâlqa*
بیکاری	Arbeitslosigkeit, die	*bikâri*
بی‌گناهی	Unschuld, die	*be gunâhi*

بیل	Spaten, der	*biel*
بیمه	Versicherung, die	*biema*
بین‌الملل	international adj.	*beinolmlali*
بینی	Nase, die	*bini*
بیوریتم	Biorhythmus, der	*bouruthem*
بی‌وفا	untreu adj.	*biwafa*
بیوه	Witwe, die	*biwa*
پا	Bein, das	*pâ*
پا	Fuß, der	*pâ*
پادشاهی	Reich, das	*pâdschahi*
پاسخ دادن	antworten	*pâsukh dâdan*
پاک کردن	radieren	*pâk kardan*
پانویس	Fußnote, die	*pây nauwsi*
پایان زندگی	Lebensende, das	*pâyân zendagi*
پایتخت	Hauptstadt, die	*pajtkhat*
پخش کالا ,فروش	Vertrieb, der	*forsch, paksch kahla*
پخش کردن	ausstrahlen (Sendung)	*pakhsch kardan*
پدر	Vater, der	*padar*
پدرکلان	Opa, der	*pader kalān*
پذیرش دانشگاه	Zulassung, die	*pazesresch dâneschga*
پراگرف در نوشته	Absatz, der	*paragraf dar nauschta*
پربار	fruchtbar adj.	*por bâhr*
پرداختن	einzahlen	*pardakt kardan*
پرزه	Teil, das	*puzra*
پرزه فالتو	Ersatzteile, die	*puzra fulatu*

پرسیدن	befragen	*porsidan*
پرکار	arbeitsam adj.	*por kâr*
پروتوکپل	Protokoll, das	*protokol*
پرورش دادن	züchten	*parwaresch dâdan*
پروژه	Projekt, das	*poura dscha*
پروفیسور	Professor, der	*profaisar*
پریشان کردن	bestürzen	*perischân kardan*
پست	Post, die	*post*
پست فوری	Briefumschlag, der	*pakât fauri*
پست هوائی	Luftpost, die	*post hauäe*
پسته خانه	Postamt, das	*posta khâna*
پستی	Gemeinheit, die	*pasti*
پسر	Junge, der	*pesar*
پسر	Junge, der	*pesar*
پسر	Sohn, der	*pesar*
پسر بچه	kleiner Junge	*pesar batscha*
پسر خاله / پسر عمه	Cousin, der	*pesar khla / hama*
پشت	Rücken, der	*pescht*
پشت	Rücken, der	*pescht*
پشتو	Paschto	*paschto*
پشیمانی	Reue, die	*peschimâni*
پلان	Plan, der	*plan*
پلان کردن	planen	*plan kardan*
پلک	Augenlid, das	*pelk*
پناهنده	Flüchtlinge, die	*panâ-hineda*

پنسل	Bleistift, der	*pensel*
پوست	Haut, die	*post*
پول	Währung, die	*pul*
پول برداشتن	Geld abheben	*pul bardschat*
پول خرچ کردن	Geld ausgeben	*pul khartsch kardan*
پول دلالی	Provision, die	*pull dalili*
پول گرفتن	kassieren	*pul greftan*
پیانو	Klavier, das	*piejano*
کش‌پیچ	Schraubenzieher, der	*peschtkasch*
پیر	alt adj.	*pir*
پیر شدن	altern	*pir schodan*
پیش رفتن	Vorgehen, das	*peschraftan*
پیش منظر	Prospekt, das	*pesch manzar*
نویس‌پیش	Entwurf, der	*pesch nauwies*
پیش نویس نامه	Briefentwurf, der	*pesch nauwies nâma*
پیش نویسی کردن	entwerfen	*pesch nauwesi kardan*
پیشانی	Stirn, die	*peschâni*
کردن،پیشرفت داشتن	fortschreiten	*peschraftan daschtan / kardan*
پیشگفتار	Vorwort, das	*peschguftar*
پیشگفتار ;مقدمه	Einleitung, die	*moqhdama; moqhdoma*
پیشنهاد کردن	vorschlagen	*peschneâd kardan*
تئاتر	Theater, das	*theater*
تابعیت	Staatsbürgerschaft, die	*tabiejat*
تاثیر	Einfluss, der	*tasier*
تاجر	Geschäftsmann, der	*tadscher*

تاریخ	Geschichte, die	*târiekh*
تاریخ تولد	Geburtsdatum, das	*târiekh tawalod*
تازگی	Aktualität, die	*tâzagi*
تاسف خوردن	leidtun	*tasuf gordan*
تاکید کردن	beteuern	*tahkied kardan*
تاوان دادن	entschädigen	*tâwâoun dâdan*
تایید کردن/پسندیدن	gutheißen	*tajied kardan*
تبا شیر	Kreide, die	*tabascher*
تبدیل کردن	wechseln	*tabdiel kardan*
تبصره	Kommentar, das	*tambsira*
تبلیغات	Propaganda, die	*tablighât*
تجارت	Handel, der	*tedschart*
تجارت خارجی	Außenhandel, der	*tedschart khâredschi*
تجارت داخلی	Binnenhandel, der	*tescharti dakheli*
تحسین کردن	bewundern	*tasien kardan*
تحصیل در خارج	Auslandstudium, das	*tahsil dar kharedsch*
تحقیر کردن	verachten	*taqer kardan*
تحقیق	Forschung, die	*tahqiqat*
استقامت،تحمل	Ausdauer, die	*estiqhamat, tahamol*
صبر کردن،تحمل	dulden	*tahmoul, sabr kardan*
تحمل کردن	ertragen	*tahmul kardan*
تحویل	Übergabe, die	*tauhiel*
تحویل دادن به	zustellen	*tauhiel dâdan ba*
تخته	Tafel, die	*takhta*
تخته پاک	Schwamm, der	*takhta pak*

تخفیف	Ermäßigung, die	*takhefief*
تخفیف	Rabatt, der	*takhfief*
تخلص	Nachname, der	*takhalus*
تخم	Samen, der	*tokhm*
تخنیک برق	Elektrotechnik, die	*tkhniek barq*
تدبیر	Maßnahme, die	*tadbier*
تربیت کردن	erziehen	*tarbiat dâdan*
ترتیب	Ordnung, die	*tartib*
ترجمه کردن	Übersetzen, das	*tardschoma kardan*
ترس داشتن	fürchten	*tars dâschtan*
ترقی	Fortschritt, der	*taraqhi*
ترک کردن	verlassen	*tark kardan*
تسلیت	Beileid, das	*taslijat*
تشریح کردن	beschreiben	*tschera kardan*
تشریح کردن	erklären	*taschri kardan*
تشریح کردن	erklären	*taschri kardan*
تشریفات	Zeremonie, die	*tscherjahat*
تشریفاتی	förmlich adj.	*taschriefâti*
تنش، هیجان ،تشنج	Spannung, die	*tanesch, hajadschan, tandschesch*
تشنه چیزی بودن	begehren	*teschneh tscheze bodan*
تشویق کردن	motivieren	*taschwieq kardan*
تصادف	Zufall, der	*tasâdof*
تصمیم	Entscheidung, die	*tasmim*
تصمیم گرفتن	entscheiden	*tasmim greftan*
تصور	Vorstellung, die	*taswir*

خیال،تصور	Einbildung, die	*khiyâl, teswier*
تصور کردن	vorstellen	*tasweer kardan*
تطم یا ساختار جامعه	Gesellschaftsordnung, die	*tazm ya sakhtar dschoma*
تعجب	Erstaunen, das	*mehtadschob*
تعریف	anpreisen / loben	*tarief*
تعریف کردن	loben / anpreisen	*tarief kardan*
تعقیب کردن	folgen	*taqieb kardan*
تعمیر کردن	reparieren	*tamrin kardan*
تعمیرگاه	Werkstatt, die	*tamerien ga*
تغییر دادن	verändern	*takhir kardan*
تفریح	Freizeit, die	*tafrih*
تفریح	Pause, die	*tafrih*
تفریح کردن	amüsieren	*tafrih kardan*
تفکیک قوا	Gewaltenteilung, die	*tafket qowa*
تقاضا	Nachfrage, die	*taqâza*
تقاضا کردن	beantragen	*taghâzâ kardan*
تقاضا کردن	verlangen	*taghâzâ kardan*
تقاعد	Rente, die	*motaqâhidi*
تقاعد کردن	in die Rente gehen	*kardan taqâhid*
تکراری	Wiederholung, die	*tekrari*
تکنولوژی	Technologie, die	*teknaulodschi*
تکنیک	Technik, die	*tekniek*
تلاش	Bemühung, die	*khuschesch*
تلاش کردن	bemühen	*talasch kardan*
تلفن	Telefon, das	*telfon*

تلفن دستی	Mobiltelefon (Handy)	*telefon dasti*
تلفن راه دور	Ferngespräch, das	*telfon rah dour*
تلفن زدن کردن	telefonieren	*telfon zadan kardan*
تلویزیون	Fernseher, der	*talvizuion*
تماس	Kontakt, der	*tamass*
تماس	Verbindung, die	*tamass*
تماشاچیان	Publikum, das	*tammascha-tschiân*
تماشاچیان	Zuschauer, der	*tamschtschien*
تمرکز	Konzentration, die	*tamorkoz*
تمرکز کردن	sich konzentrieren	*tamrkhoz kardan*
تمرین	Übung, die	*tamrin*
ساخت،تمرین	Bau, der	*sakhtan, tamrien*
تمرین کردن	proben	*tamrin kardan*
تنبل	faul adj.	*tambal*
تهاجمی	aggressiv adj.	*tahdschumi*
تهدید کردن	drohen	*tadid kardan*
تهمت	Beschuldigung, die	*tohmat*
تهمت زدن	vorwerfen	*tomat kardan*
توافق	Einigung, die	*taufaq*
توافقنامه تجارت	Handelsvertrag, der	*taufaqat nâma teschart*
توان	fähig adj.	*tawân*
توانایی	Fähigkeit, die	*tawânâji*
توجه	Aufmerksamkeit, die	*tawudschu*
توسعه دادن	erweitern	*tauzea dâdan*
توصیه کردن	empfehlen	*tause kardan*

توضیح دادن	darlegen	*tausae dâdan*
توضیح دادن	erläutern	*tausa kardan*
توقع / انتظار	Erwartung, die	*antzâr / tawaqu*
توقع داشتن	erwarten	*tawaqo dâschtan*
تولد	Geburt, die	*tawalod*
تولد شدن	geboren werden	*tawalod schodan*
توله	Flöte, die	*tula*
تولید	Herstellung, die	*taulid*
تولید انبوه	Massenproduktion, die	*taulid anbaua*
تولید کردن	herstellen	*taulid kardan*
تولید کننده	Hersteller, der	*taulid kuninda*
تولیدکننده	Produzent, der	*taulid kuninda*
توهین کردن	beleidigen	*tauhien kardan*
تیز هوش	scharf adj.	*tiez husch*
ثابت آوردن	beweisen	*sâbet âuwardan*
ثروت / دارایی	Vermögen, das	*dârâie / serwat*
مقام،جا ،شغل	Stellung, die	*moqaham, schukhul, dschâ*
جالب	interessant adj.	*dschâleb*
جامعه	Gesellschaft, die	*dschoma*
شناسیجامعه	Sozialwissenschaft(en), die	*dschâmeschenâsi*
جامعه مدنی	Zivilgesellschaft, die	*dschoma madani*
جامعه‌شناسی	Sozialwissenschaft, die	*dschma schensi*
جدایی	Trennung, die	*dschodie*
جدی	ernst adj.	*dschidi*
جرات کردن	wagen	*dschorat kardan*

جرم	Delikt, das	*dschurm*
جزئیات	Detail, das	*dschuzjat*
جسد / جناره	Leichnam, der	*dschnazi / dschsad*
جسم	Leib, der	*deschesm*
جشن	Feier, die	*dschschen*
جگر/دل	Leber, die	*dschigar*
جلب توجه کردن	Aufmerksamkeit erregen	*dschaleb tawadschu kardan*
جلد	Ausgabe, die	*dschuld*
جلد کتاب	Einband, das	*dschuld*
جلوگیری کردن	verhindern	*dschelaugirie kardan*
جمع کردن	sammeln	*dscham kardan*
جمع‌بندی	Zusammenfassung, die	*dschma bandi*
جمهوری	Republik, die	*dschamuri*
جمهوری اسلامی	Islamische Republik, die	*dschamuri eslâmi*
جمهوری خلق	Volksrepublik, die	*dschamuri khalq*
جمهوری فدرال	Bundesrepublik, die	*dschamuri federal*
جنایت	Verbrechen, das	*dschnâjat*
جنایت کردن	ein Verbrechen begehen	*dschnâjat kardan*
جنس	Ware, die	*dschens*
کالا،جنس	Artikel, der	*dschens, kahla*
جنسیت	Geschlecht, das	*dschensayat*
جنگ سالاران	Kriegsherr, der	*dschang salâ-rawân*
پاسخ،جواب	Entgegnung, die	*pasukh, dschauwab*
جواب دادن	antworten	*dschwab dâdan*
پاسخ دادن،جواب دادن	entgegnen	*pasukh dadan* *dschauwab dadan*

جواب مثبت دادن	zusagen	*dschwâb mozbat dâdan*
جواز	Lizenz, die	*dschwâz*
جوان	jung adj.	*dschwân*
جوانی،جوانان	Jugend, die	*dschwân*
نوجوانان،جوانک	Jugendlichen, die	*dschwânak*
جوانی	Jugendlichkeit, die	*dschwâni*
جواهرفروش	Juwelier, der	*dschauwar foresch*
چاپ	Auflage, die	*tschap*
چاپخانه	Druckerei, die	*tschap khâna*
چاق	fett adj.	*tschaq*
چاه	Brunnen, der	*tschah*
چراگاه	Weide, die	*tscharga*
چشم	Auge, das	*tschschem*
چشیدن	probieren	*tscheschmiedan*
چکش	Hammer, der	*tschkosch*
چله نامزادی	Verlobungsring, der	*tschela nāmzadi*
چمن	Wiese, die	*tschaman*
چهره نقاشی	Portrait, das	*tschera naqâeschi*
چو کی	Stuhl, der	*tschauki*
چوپان	Schäfer, der	*tschopân*
حاصلخیز	fruchtbar adj.	*hesab khiez*
حاضر	anwesend adj.	*hâzer*
حاضر	anwesend sein	*hâzer bodan*
حافظه	Gedächtnis, das	*hâfeza*
حالت	Lage, die (Stimmung)	*hâlat*

حاملگی	Schwangerschaft, die	*hâmlagi*
حجره	Zelle, die	*hudschara*
حدس زدن	abschätzen	*hads zadan*
حدس زدن	einschätzen	*hadas zadan*
حرف	Buchstabe, der	*harf*
حزب	Partei, die	*hezb*
حس	Sinn, der	*hes*
حس کردن	wahrnehmen	*hes kardan*
حساب	Rechnung, die	*hesâb*
حساب بانکی	Konto, das	*hesâb banki*
حساب پس‌انداز	Sparkonto, das	*hesâb pasândaz*
حساب کردن	rechnen	*hesab kardan*
حساب منحل کردن	auflösen (Konto)	*hesâb menhal kardan*
حسادت	Eifersucht, die	*hesâdad*
حسود	eifersüchtig adj.	*hasud*
حسودی کردن	beneiden	*hasudi kardan*
حق	Recht, das	*haq*
حق اسلامی	islamische Recht, das	*haq aslami*
حق طبع و نشر	Urheberrecht, das	*haq zahba wa nascher*
حقوق شهروندی	Bürgerrecht, das	*hoquq scharwandi*
حقوق‌دان	Jurist, der	*hoquq dân*
حقوقی	juristisch adj.	*hoquqi*
حقیقت	Wahrheit, die	*haqiqat*
حقیقی	realistisch adj.	*haqhiqhi*
حکم	Gebot, das	*hukm*

حکم	Urteil, das	*hokm*
حکم قضایی	Rechtsprechung, die	*hokm qhasi*
حکم کردن	verfügen	*hokm kardan*
حکومت	Regierung, die	*hokumat*
حل	Lösung, die	*hal*
حل کردن	lösen	*hal kardan*
حماقت	Dummheit, die	*ahmâqat*
حواله	Überweisung, die	*hawâla*
خاصیت	Eigenschaft, die	*khasjât*
خاطره	Erinnerung, die	*khâtera*
خاکسپاری	Bestattung, die	*khaksupari*
خالص	Netto	*kahles*
خاله	Tante, die (mütterlicherseits)	*khla*
خانم	Gattin, die	*kānom*
خایه	Hoden, der	*kâja*
خبر / پیام	Nachricht, die	*kabar/ payam*
خبر / معلومات دادن	informieren	*kabar / mâloumat dâdan*
خبر دادن	informieren	*kabar dâdan*
خبرنگار	Journalist, der	*khabarnegâr*
خراب کردن	kaputt machen	*kharâb kardan*
خرد	klein adj.	*khurd*
خزانه‌دار	Schatzmeister, der	*khâzana dâr*
خشم	Wut, die	*khaschm*
خشو	Schwiegermutter, die	*khuschu*
خصوصی سازی	Privatisierung, die	*khosusi sâzi*

خط	Brief, der	*khat*
خطا رسان	Briefträger, der	*khat rasan*
خط‌کش	Lineal, das	*khatkhasch*
خطی	handschriftlich, adj.	*khati*
خلق و خوی	Stimmung, die	*kholeq wa khu*
خنده کردن	lachen	*khanda kardan*
خواستن	wollen	*khâstan*
خواننده	Leser, der	*khânada*
خواننده	Leser, der	*khounenda*
خواهر	Schwester, die	*khāhar*
خواهر و برادر	Geschwister, die	*khāhar wa barādar*
خواهرزاده / دختر	Nichte, die	*khāhar zada*
خواهش کردن	bitten	*khâhesch kardan*
خوبی	Gutherzigkeit, die	*khubi*
خود آگاهی	Selbstbewusstsein, das	*khod âgâhi*
خود خواه	egoistisch	*khod khou*
خود خواه	egozentrisch adj.	*khod khâhi*
خود خواهی	Egoismus	*khod khouâi*
خود رنگ	Füller, der	*khod rang*
خود کار	Stift, der	*khod kâr*
خودپرستی	Narzissmus, der	*khod parasti*
خودکشی	Selbstmord, der	*khod koschi*
خودکشی کردن	selbstmord begehen	*khod koschi kardan*
خوش‌بین	Optimist, der	*khoschbin*
خوش‌بین	optimistisch adj.	*khoschbien*

خوش‌بین بودن	optimistisch sein adj.	*khoschbien bodan*
خوش‌بینی	Optimismus, der	*khoschbini*
خوشحالی	Freude, die	*khoschali*
خوشی پیش از وقت	Vorfreude, die	*khoschi pesch az waqt*
خون	Blut, das	*khun*
خون	Blut, das	*khun*
خویشاوند	Verwandte, die	*kheschawand*
خیالی	Hypochonder, der	*khâyali*
خیانت کردن	verraten	*khienât kardan*
دادگاه	Amtsgericht, das	*dâdga*
دادگاه عالی	Oberste Gerichtshof, der	*dadgahâ hâli*
دادگستری /عدالت	Justiz, die	*hadalat / dâdgesteri*
داستان	Geschichte, die	*dâstan*
داستان گوتاه	Kurzgeschichte, die	*destan khotah*
داغ ننگ	Stigma, das	*dâgh nâng*
داماد	Bräutigam, der	*dāmād*
دانشگاه	Universität, dic	*dâneschga*
دانشگاه تخنیک	Technische Hochschule, die	*dâneschga takhniek*
دانشمند	Wissenschaftler, der	*dânschmând*
دانه	Korn, das	*dâna*
داوطلب شدن	bewerben	*dautâlab schodan*
دایره کش	Zirkel, der	*dârja kasch*
دختر	Mädchen, das	*dokhtar*
دختر	Mädchen, das	*dokhtar*
دختر	Tochter, die	*dokhtar*

دختر خاله/دختر عمه	Cousine, die	*dokhtār khla / hama*
دختر فیلم	Schauspielerin, die	*dokhtar film*
در نظر داشتن	bedenken	*dar nazar dâschtan*
در نظر گرفتن	berücksichtigen	*dar nazar greftan*
درآمد	Einkommen	*darâmad*
دراز مدت	langfristig adj.	*darâz modat*
درامه	Drama, das	*drama*
درجه	Grad, der	*daradscha*
درخواست	Antrag, der	*darkhast*
درد	Schmerz, der	*dard*
درست	richtig adj.	*dorost*
درک	Einsicht, die	*dark*
درو کردن	mähen	*drau kardan*
درو کردن /حاصل برداشتن	ernten	*hasel bardschtan / drau kardan*
درونگرایی	introvertiert adj.	*dirun garâie*
دری	Dari	*dari*
دست	Hand, die	*dest*
دست آورد	Errungenschaft, die	*dast âward*
سازدست	manuell adj.	*dast sâz*
نویس‌دست	Manuskript, das	*dast nauws*
وسیله،دستگاه	Gerät, das	*wasiela / dastgâh*
دستگاه تنفسی	Atemwege, die	*dastgahe tanafus*
دستور دادن	anweisen	*dastwor dâdan*
دعوا	Streit, der	*dawu*
کشمکش،دعوا	Konflikt, der	*kaschmakasch, dauwa*

دعوت	Einladung, die	*dawat*
دعوی	Prozess, der	*dawâ*
دفاع کردن	verteidigen	*defâ kardan*
دفتر تلفن	Telefonbuch, das	*daftar telfon*
دفتر کار	Bürotätigkeit, die	*daftar kâr*
دفن	Beerdigung, die	*dafin*
دفن کردن	begraben	*dafin kardan*
دقیق کار	Perfektionist, der	*daqhieq kâr*
دکان	Geschäft, das	*dokân*
دکاندار	Ladenbesitzer, der	*doukân dar*
تنگ شدن‌دل	vermissen	*del tang schodan*
معشوق،دلبر	Geliebte, die	*delbar, maschuqa*
دل‌تنگ شدن برای	sich sehnen nach	*del tang schoden barâje*
دلیل	Argument, das	*dadlil*
دلیل	Grund, der	*dalil*
دلیل آوردن	argumentieren	*dalil âwardan*
دنبال کردن	fortsetzen	*dinbâl kardan*
دندان	Zahn, der	*dandân*
دهان/دهن	Mund, der	*dahân*
دهقان	Bauer, der	*dieqân*
دهل	Trommel, die	*dohl*
دو رو / ربا کار	Heuchler, der	*ruba kaar / du rui*
دوا سازی	Pharmazie, die	*dawu sazi*
دوران	Epoche, die	*dauran*
سن بلوغ،دوران بلوغ	Pubertät, die	*daurân belough*

دوران خد مت	Amtszeit, die	*dauwâran khedmat*
دورويى	doppelgesichtig adj.	*du ruie*
دوست داشتن	gernhaben	*dost dâschtan*
دوست داشتن	lieben	*dost dâschtan*
دوستانه	freundschaftlich adj.	*dostana*
دوستى	Freundschaft, die	*dosti*
دوسيه	Datei, die	*dousja*
دولت	Staat, der	*daulat*
دولت	Staatsregierung, die	*daulat*
دولت ايالتى	Bundesstaat, der	*dauwlat iyâlati*
دولت محلى	Regionalregierung, die	*dauwlat mahali*
دولت مركزى	Zentralregierung, die	*dauwlat markazi*
دولت وحدت ملى	Nationale Einheitsregierung	*dauwlat wahdat meli*
دولت ولايتى	Provinzregierung, die	*dauwlat wolajati*
ديپلمايس	Diplomatie, die	*diplomaci*
ديد	Sicht, die	*died*
ديدار	Treffen, das	*diedar*
ديدار كننده	Besucher, der	*didar kuniendan*
ديدگاه	Standpunkt, der	*diedga*
ديدن	sehen	*didan*
دين	Religion, die	*dien*
ديوانه	verrückt adj.	*dewânna*
ذوق	Elan, der	*zauqh*
رئيس	Leiter, der	*rajes*
رئيس بخش	Abteilungsleiter, der	*rajes bakhsch*

رئیس جمهور	Präsident, der	*rejes daschmur*
رئیس دولت	Staatschef, der	*rehes dauwlat*
رابطه	Beziehung, die	*râbeta*
رابطه	Verhältnis, das	*râbeta*
رادیو	Radio, das	*râdio*
راز	Geheimnis, das	*râz*
راستگو ;صادق	ehrlich adj.	*sadeqh, râstgu*
قانع،راضی	zufrieden adj.	*qâne, râzi*
راضی بودن	zufrieden sein	*râzi bodan*
راه حل	Lösungsweg, der	*râha hal*
راهنما	Anleitung, die	*râhnâma*
راهنمای استفاده	Bedienungsanleitung, die	*râhnamai âstfada*
رتبه	Dienstgrad, der	*ruthba*
رد	Ablehnung, die	*rad*
رد شدن	Absage bekommen	*rad schodan*
رد کردن	ablehnen	*rad kardan*
رسام	Zeichner, der	*rasâm*
رسانه	Medien, die	*resâna*
رسانه گروهی	Massenmedien, die	*resâna gerohe*
رسم	Zeichnung, die	*rasm*
رسم کردن	Zeichnen, das	*rasm kardan*
رشد	Wachstum, das	*roschd*
پیشروی کردن،رشد کردن	wachsen	*roschd kardan*
رشوه	Bestechung, die	*reschwa*
رشوه دادن	bestechen	*reschwau dâdan*

رعایت کردن	beachten	*rahjât kardan*
رفتار	Verhalten, das	*raftâr*
رفتار کردن	verhalten	*raftar kardan*
رفتار کردن	verhalten,	*raftar kardan*
رقابت	Wettbewerb, der	*reqâbat*
رقابت کردن	konkurrieren	*reqâbat kardan*
رقص	Tanz, der	*raqs*
رکود اقتصادی	Konjunkturflaute, die	*roukut eghtsâdi*
رگ خون	Blutgefäß, das	*rag khun*
رمانتیک	Romantik, die	*romantek*
رمه	Herde, die	*rama*
رنج	Leid, das	*randsch*
رنگ	Farbe, die	*rang*
روانشناسی	Psychologie, die	*roâ âschnâsi*
روده	Darm, der	*rouda*
روز تولد	Geburtstag, der	*ruz tawalod*
روز رخصتی	Feiertag, der	*ruz-e rokhzati*
روز کار	Arbeitstag, der	*ruz kâr*
روزنامه	Tageszeitung, die	*ruz nâmah*
نگاری‌روزنامه	Journalistik, die	*ruznâma negâri*
روسی	Russisch	*rusi*
روش زندگی	Lebensweise, die	*rauwesch zendagi*
روش کار	Arbeitsmethode, die	*rauesch kâr*
روشن پوست	hellhäutig adj.	*ruschan post*
روشن کردن	erhellen	*ruschan kardan*

رول اصلی	Hauptrolle, die	*rol âsli*
رومان	Roman, das	*roman*
روند	Vorgang, der	*rauand*
رونوشت	Kopie, die	*rau naweschta*
روی نما گی	Brautgabe, die	*rui namāgi*
ریاضی	Mathematik, die	*ryâzi*
زانو	Knie, die	*zânu*
زاییدن	gebären	*zajedân*
زبان	Zunge, die	*zebân*
زبان خارجی	Fremdsprache, die	*zebân kherdschi*
زحمت کشیدن	anstrengen (sich)	*zahmat kaschiedan*
زحمت کشیدن	Anstrengung, die	*zahmat kaschidan*
زراعت	Landwirtschaft, die	*zurâhat*
زردآب	Galle, die	*zardâb*
زرگر	Goldschmied, der	*zarger*
زغال	Kohle, die	*zulghâl*
زغال چوب	Holzkohle, die	*zulghâl tschub*
زغال‌سنگ	Steinkohle, die	*zulghâl zendgi*
زن	Ehefrau, die	*zan*
زن	Frau, die	*zan*
زنانه	weiblich adj.	*zanäna*
زندگی	Leben, das	*zendagi*
زندگی نامه	Tagebuch, das	*zendagi nâhma*
زنگ تلفن	Klingelton, der	*zang telfon*
زنگ زدن	anrufen	*zang zadan*
زنگ زدن	klingen	*zang zadan*

زیاد شدن	zunehmen	*zahâd schodan*
زینه	Leiter, die	*zinna*
ژنتیک	Genetik, die	*jschentik*
ساخت و ساز	Konstruktion, die	*sakht wa sâz*
ساختمان	Gebäude, das	*sakhtemân*
ساختمان اداری	Bürogebäude, das	*sahkteman adari*
ساده	einfach adj.	*sada*
ساده	naiv adj.	*sâda*
طلب فرصت،سازشکار	Opportunist, der	*firsat qhalab, saz schukar*
سازمان	Organisation, die	*sâzmân*
سازمان دادن	organisieren	*sâzmân dâdan*
ساعات کاری	Dienstzeit, der	*zahat kari*
ساعت	Stunde, die	*zahat*
ساعت درسی	Unterrichtstunde, die	*zahat darsi*
سالخورده شدن	senil werden	*sâl khurda schodan*
سالگرد	Jahrestag, der	*salgard*
سالگرد	Jubiläum, das	*salgard*
سالهاس عقیم شدن زن	Wechseljahre, die	*sâle haqjam schodan zan*
سانسور	Zensur, die	*senzor*
ستاره سینما	Sternchen, das	*setâra cinmâ*
ستون فقرات	Wirbelsäule, die	*sutun feqarat*
گیرسخت	strikt, streng adj.	*saktgir*
سخنرانی	Präsentation, die	*sekhanrani*
سخنگو	Sprecher, der	*sukhangu*
سر / کله	Kopf, der	*kala*

سر چیزی کار کردن	bearbeiten	*sar tschiz kar kardan*
سر زدن	sich blicken lassen	*sar zadan*
سر و صد ا	Geräusch, das	*sar wa sada*
سرب	Blei, das	*sorb*
سرباز	Soldat, der	*sarbâz*
سربلند	mit erhobenem Haupt	*sar belând*
سرحد	Grenze, die	*sarhad*
سرروزنامه	Schlagzeile, die	*sar ruz nâmah*
سرسخت	stur adj.	*sar sakht*
سرگرمی	Unterhaltung, die	*sargarmi*
سرمایه	Kapital, das	*sarmâja*
گذاری‌سرمایه	Investition, die	*sarmâja guzari*
گذاری کردن‌سرمایه	investieren	*sarmâja guzari kardan*
سرنوشت	Bestimmung, die	*sarnauscht*
سرود ملی	Nationalhymne, die	*suraud meli*
سرین	Hüfte, die	*sourien*
سطح	Niveau, das	*zahta*
سفته بازی	Spekulation, die	*softah bâzi*
سلطان	Sultanat, das	*sultan*
سلوک	Verhalten, das	*sulaukhat*
سمینار	Seminar, das	*semienar*
سن وسطی	mittlere Alter, das	*sen wasti*
سناتور	Senator, der	*senâtor*
سنجش	Einschätzung, die	*sandschisch*
سنجیدن	abwägen	*sandschiedan*

سر چیزی کار کردن	bearbeiten	*sar tschiz kar kardan*
سر زدن	sich blicken lassen	*sar zadan*
سر و صد ا	Geräusch, das	*sar wa sada*
سرب	Blei, das	*sorb*
سرباز	Soldat, der	*sarbâz*
سربلند	mit erhobenem Haupt	*sar belând*
سرحد	Grenze, die	*sarhad*
سرروزنامه	Schlagzeile, die	*sar ruz nâmah*
سرسخت	stur adj.	*sar sakht*
سرگرمی	Unterhaltung, die	*sargarmi*
سرمایه	Kapital, das	*sarmâja*
گذاری‌سرمایه	Investition, die	*sarmâja guzari*
گذاری کردن‌سرمایه	investieren	*sarmâja guzari kardan*
سرنوشت	Bestimmung, die	*sarnauscht*
سرود ملی	Nationalhymne, die	*suraud meli*
سرین	Hüfte, die	*sourien*
سطح	Niveau, das	*zahta*
سفته بازی	Spekulation, die	*softah bâzi*
سلطان	Sultanat, das	*sultan*
سلوک	Verhalten, das	*sulaukhat*
سمینار	Seminar, das	*semienar*
سن وسطی	mittlere Alter, das	*sen wasti*
سناتور	Senator, der	*senâtor*
سنجش	Einschätzung, die	*sandschisch*
سنجیدن	abwägen	*sandschiedan*

شحادت نامه	Abschluss, der	*schahdatnâma*
شحادت نامه داکتری	Doktorabschluss	*schdat nâma daktari*
شخص	Person, die	*schakhs*
شخص	Person, die	*schks*
شخصیت	Charakter, der	*schakhsiat*
شرط	Kondition, die	*schart*
شرط پرداخت	Zahlungskondition, die	*schart pardakhtan*
شرعی	Scharia, die	*schara-i*
شرکای تجاری	Handelspartner, der	*scherkhat tascharti*
شرکت	Unternehmen, das	*scherkat*
شرکت تجارتی	Handelsgesellschaft, die	*scherkat tdscharati*
مشتارک،شرکت	Beteiligung, die	*schrekat, mouschtarak*
شرمیدن	sich schämen	*scharmidan*
شریان	Arterie, die	*scharjâhn*
شش	Lunge, die	*schisch*
شعر	Gedicht, das	*scher*
شعر خواندن	Gedichte lernen	*scher khandan*
شعرسرایی	Poesie, die	*scher serâje*
شفاف	transparent adj.	*schafâf*
شک	Skepsis, die	*schak*
شک	Verdacht, der	*schak*
شکایت کردن	beschweren	*schekâjat kardan*
شکر	Blutzucker, der	*schakar*
شکل	Aussehen, das	*schkel*
شکل	Form, die	*schakel*

گیری‌شکل	Gestaltung, die	*schakel geri*
شکیبایی	Toleranz, die	*schekhajajih*
شگم	Bauch, der	*schkam*
شماره	Nummer, die	*schumâra*
شماره تلفن	Telefonnummer, die	*schumara telfon*
شمیم/بوی خوش	Wohlgeruch, der	*bui khosch*
شناختن	erkennen	*schenktan*
شنوندگان	Zuhörer, der	*schenawenda-ghân*
شهادت دادن	bezeugen	*schâhed dandan*
شردار،شهروال	Bürgermeister, der	*schardar, scharwal*
شهروند	Bürger, der	*scharwand*
شهروند	Staatsbürger, der	*scharwand*
شهید شدن	als Märtyrer sterben	*schahied schodan*
شوخی	Spaß, der	*schokhi*
شورا	Rat, der	*schura*
شوق و ذوق	Eifer, die	*schauq wa sauqh*
شوهر	Ehemann, der	*schauhar*
شیوه عمل	verfahren	*schiwa amal*
شیوه عمل	Verfahren, das	*schiwa amal*
صاحب	Eigentümer, der	*sâheb*
صادر کردن	exportieren	*sâderât kardan*
صادرات	Export, der	*sâderât*
صحاف (کتاب ساز(	Buchbinder, der	*ketâb saz*
صحبت	Gespräch, das	*sohbat*
صحنه	Szene, die	*sahnah*

صداقت	Ehrlichkeit, die	*sâdeqhat*
صراحت	Offenheit, die	*serhât*
صرفنظر کردن	verzichten	*zarfnâzar kardan*
جویی کردن صرفه	sparen	*zarf dschu kardan*
صفحه	Buchseite, die	*safa*
صفحه	Seite, die	*safa*
صفحه اول روزنامه	Titelseite, die	*safa âwal ruz nâmah*
طلب صلح	Pazifist, der	*sohltalab*
صنایع فلزی	Metallindustrie, die	*zunâe fielizi*
صندوق پست	Briefkasten, der	*sandouq post*
صندوق پستی	Postfach, das	*sandouq posti*
صنعت	Industrie, die	*zanit*
صنعتی	Industriell adj.	*zaniti*
صنعتی کردن	industrialisieren	*zinati kardan*
صنف	Klasse, die	*senf*
صورت	Gesicht, das	*zurat*
ضبط کردن	aufnehmen	*zahbet kardan*
ضرر	Verlust, der	*zarar*
ضرورت داشتن	benötigen	*zarurat dâschtan*
ضروری	dringend adj.	*zarurie*
ضمانت کردن	garantieren	*zamanânt kardan*
ضمیمه	Anhang, der	*zamiema*
تحمل کردن،طاقت	aushalten	*taqahat / tahmol kardan*
طب	Medizin, die	*teb*
طبقه	Stufe, die	*tabaqa*

طرح	Design, das	*tara*
طرح	Konzept, das	*tarh*
طرح	Skizze, die	*tarh*
طرز تفکر	Mentalität, die	*tarz tafekr*
طریق	Art und Weise, die	*tarieq*
طریقه ,قسم	Weise, die	*qesm, tarehq*
طفل شیرخوار	Säugling, das	*tefl schier khor*
طلا	Gold, das	*telā*
طلاق	Scheidung, die	*talāq*
طناب	Seil, das	*tanâb*
طویله	Stall, der	*tawala*
ظاهر	Anschein, der	*zâhr*
ظاهر	äußere adj.	*zâhr*
عادت	Gewohnheit, die	*adat*
عادت کردن	gewöhnen	*adat kardan*
عادت کردن به	sich gewöhnen an	*adat kardan*
عادی	gewöhnlich adj.	*âdi*
عاشق شدن / دل باختن	verlieben	*ehscheq schodan*
عایدی	Gewinn, der	*hâjed*
عبادت کردن	anbeten	*ebadat kardan*
عدالت	Gerechtigkeit, die	*adâlat*
عرضه	Angebot, das	*arzeha*
عرضه و تقاضا	Angebot und Nachfrage	*arzeha wa taqâza*
عروس	Braut, die	*arus*
عروسی	Hochzeit, die	*arusi*

عروسی کردن	heiraten	*arusi kardan*
عصبانی	zornig adj.	*asabâna*
عضله	Muskel, der	*hazale*
عضو	Organ, das	*ozu*
عطر	Parfüm, das	*atr*
عقد	Trauung, die	*aghd*
عکس‌العمل	Reaktion, die	*aksol âmal*
علت	Grund, der	*elât*
علم	Wissenschaft(en), die	*olum*
علمی	wissenschaftlich adj.	*elmi*
علوم ارتباطا ت	Kommunikations-wissenschaft(en), die	*olum ertebât*
علوم تربیت	Pädagogik, die	*olum hoquq*
علوم حقوق	Rechtswissenschaft(en), die	*olum hoquq*
علوم سیاست	Politikwissenschaft(en), die	*olum syâsat*
عمده‌فروشی	Großhandel, der	*humda foresch*
عمل	Handlung, die	*amal*
عمل کردن	ausüben	*hamal kardan*
عمل کردن	handeln	*âmal kardan*
عملکرد	Leistung, die	*amal kherd*
عملی	praktisch adj.	*hamali*
عمه	Tante, die (väterlicherseits)	*hama*
تر کردن‌عمیق	vertiefen	*hameq tar kardan*
عنوان	Titel, der	*enwân*
عنوان کتاب	Titelseite, die	*ounwan ketâb*
عوض کردن	ersetzen	*awaz kardan*

عیب	Schande, die	*aib*
غالمغال	Lärm, der	*khâlmakhâl*
غالمغال کردن	lärmen	*khâlmakhâl kardan*
غزل	Gasel, das	*ghasel*
غلط	Fehler, der	*ghlat*
غلط گیری	Korrekturlesen, das	*ghlat geri*
غلطی چاپ	Druckfehler, der	*ghlat tschap*
غله	Getreide, das	*ghale*
غم و غصه	Kummer, der	*gham wa khusa*
غمگین	traurig adj.	*ghamgien*
غیر جالب /دلچسپ	unattraktiv adj.	*khair dschlub / del tschesp*
غیر ممکن	unmöglich adj.	*gair-e momken*
غیرحاضر	abwesend adj.	*ghair hâzer*
نامطمئنی،غیرقابل اعتمادی	Unzuverlässigkeit, die	*qhair qabul etimad*
غیرقانونی	rechtswidrig adj.	*gair qânouni*
فاجعه	Tragödie, die	*fadscha*
فاکس کردن	faxen	*fax kardan*
فاکولته	Fakultät, die	*fakulta*
فایده	Profit, der	*fâjda*
فایده	Vorteil, der	*fâjida*
فتوکپی	Fotokopie, die	*fotokapi*
به راه انداختن،فحال کردن	aktivieren	*hadaf kardan, ba rah ândkhatan*
فرار از پرداخت مالیات	Steuerhinterziehung, die	*frâr az pardokht mâliat*
فرانسوی	Französisch	*farânsawi*
فرستنده	Absender, der	*ferestanda*

فرصت	Gelegenheit, die	*forsat*
فرمان	Befehl, der	*farmân*
فرمان دادن	befehlen	*farmân dâdan*
فرمانبرداری کردن	gehorchen	*farmân dari kardan*
فرمایش	Bestellung, die	*farmâiesch*
فرهنگ لغت	Wörterbuch, das	*farhang loghat*
فروش ,درآمد	Umsatz, der	*darâmad, fursch*
فروشنده	Verkäufer, der	*foreschenda*
فریاد زدن	schreien	*faryad zadan*
فسخ کردن	kündigen	*fakhs kardan*
فشار آوردن	Drück ausbauen adj.	*feschâr âuwardan*
فشار خون	Blutdruck, der	*feschâr khun*
فصل	Kapitel, das	*fasl*
فصل	Lektion, die	*fasl*
فعالیت	Tätigkeit, die	*faljât*
فکر کردن	denken	*fekr kardan*
فکر کردن	überlegen	*fekr kardan*
فلسفه	Philosophie, die	*falsafa*
فن تعلیم و تربیت	Didaktik, die	*fan taliem wa tarbjat*
فهرست	Index, der	*ferest*
فهرست	Inhaltsverzeichnis, das	*ferest*
فهرست لغات	Wörterregister, das	*ferest loghat*
فهرست مطالب	Inhaltsverzeichnis, das	*ferest matlab*
فهم	Verstand, der	*fahm*
فهم بشر،فهم آدمی	Menschenverstand, der	*fahm âdami*

فهمیدن	verstehen	*fahmidan*
فوت کردن	sterben	*fauad kardan*
فولاد سازی	Stahlwerk, das	*fould sazi*
فیزیک	Physik, die	*fizik*
فیس دانشگاه	Studiengebühren, die	*feese dâneschgha*
فیلم تلویزیونی	Fernsehfilm, der	*film talvizuioni*
فیلم مستند	Dokumentarfilm, der	*film mustanad*
فیلمبردار	Kameramann, der	*filmbardâr*
قابل فهم	verständlich adj.	*qâbel fam*
قاتل	Mörder, der	*qhâtel*
قاضی	Richter, der	*qazi*
قاطعیت	Entschlossenheit, die	*qasajat*
قانع کردن	überzeugen	*qâne kardan*
قانون	Gesetz, das	*qânouni*
قانون اساسی	Verfassung, die	*qânoun âsasi*
قانون را تصویب کردن	Gesetz ratifizieren	*qânoun ra tausieb kardan*
قانونی	rechtmäßig adj.	*qânouni*
قبر	Grab, das	*qabr*
قبرستان	Friedhof, der	*qabristan*
قبول کردن	akzeptieren	*qabul kardan*
قبول کردن	annehmen	*qabul kardan*
پذیرش،قبول	Anerkennung, die	*qabul, pazirusch*
قبیله	Stamm, der	*qabiela*
قتل	Mord, der	*qhatel*
قدرت سیاسی	politische Macht, die	*qodrat syâsi*

قدردان	schätzend adj.	*qaderdan*
قرار ملاقات	Termin, der	*qarâr moulaqat*
قرار ملاقات گذاشتن	verabreden	*qarar molaqat gozschtan*
قرارداد	Vertrag, der	*.qarâradâd*
قرض	Darlehen, das	*qarz*
قرض	Schulden, die	*qarz*
قرض دادن	leihen	*qarz kardan*
قرض دادن	verleihen	*qarz dâdan*
قرض داشتن	Schulden haben	*qarz dâschtan*
قرضه	Kredit, der	*qarza*
قسط	Rate, die	*qasd*
قشنگ	hübsch adj.	*qaschang*
قصاب	Metzger, der	*qasâb*
قصد	Absicht, die	*qhasd*
قضاوت	Urteil, das	*qazâwat*
قطع کردن	unterbrechen	*qata kardan*
قلب	Herz, das	*qalb*
قلم‌موی	Pinsel, der	*qalm mui*
قوت	Kraft, die	*quwat*
قول دادن	versprechen	*qaoul dâdan*
قوی	kräftig adj.	*quwi*
قیمت	Preis, der	*qiemat*
قیمت پستی	Porto, das	*qimat posti*
قیمت پستی ارسال خط	Briefmarke, die	*qimat posti ersâl khat*
قیمت داشتن	kosten	*qiemat dâschtan*

کابینه	Kabinett, das	*kabinet*
کار آزموده	qualifiziert adj.	*kâr âzmuda*
کار خانگی	Hausaufgabe, die	*kâr khânagi*
کار خدماتی	Dienstleistung, die	*kâr khedmati*
کار هنری	Kunstwerk, das	*kâr honari*
کارآئی	Leistung, die	*kâriaie*
کارآموزی	Berufsausbildung, die	*kâr âmuzi*
کارت تلفن	Telefonkarte, die	*kard telfon*
کارت ویزیت	Visitenkarte, die	*kard wazirat*
کارت پستال	Postkarte, die	*kartpost*
کارخانه	Industrieanlage, die	*kâr khâna*
کارشناس	Fachmann, der	*kâr schânes*
کارگاه	Betrieb, der	*kârga*
کارگاه نقاشی	Atelier, das	*kârgah naqâeschi*
کارگر	Arbeiter, der	*kârgar*
کارگر روزمره	Tagelöhner, der	*kârgar ruz mara*
کارگر ساختمانی	Bauarbeiter, der	*kârgar sakhtmân*
کارگر کارخانه	Fabrikarbeiter, der	*kâr ger kâr khâna*
کارگردان	Mitarbeiter der	*kâr gardan*
کارمند	Angestellte, der	*kârmand*
کارمند بانک	Bankangestellte, der	*kârmand bank*
کاری	geschäftlich adj.	*kâre*
کاشتن	anbauen (Pflanzen)	*khâschan*
کاغذ نامه	Briefpapier, das	*kâkhaz nâma*
کافی بودن	genügen	*keif bordan*

کالا(تحویل(	Lieferung, die	*tawiehl (kahla)*
کامل	vollkommen adj.	*khomol*
کانال	Kanal, der	*kanal*
کاندید	Kandidat, der	*kandiedat*
کتاب	Buch, das	*ketâb*
کتاب تخصصی	Sachbücher, die	*ketâb takhoussi*
کتاب جیبی	Taschenbuch, das	*ketâb dschibi*
کتاب درسی	Lehrbuch, das	*ketâb darsi*
فروش‌کتاب	Buchhändler, der	*ketâbforsch*
کتاب لغت	Wörterbuch, das	*ketâb loghat*
کتابچه	Heft, das	*ketâb dscha*
کتابخانه	Bücherei, die	*ketâb khâna*
کتاب‌فروشی	Buchhandlung, die	*ketâb fruschi*
کتابفروشی کتابهای قدیمی	Antiquariat, das	*ketâbforsch ketâb hae qadumi*
کد پستی	Postleitzahl, die	*kode posti*
کد تلفن	Vorwahlnummer, die	*kod telfon*
کرایه دادن	vermieten	*kerja dâdan*
کردن	machen	*kardan*
کشاورزی	Agrar, das	*kheschwarzi*
کشت	säen	*khescht*
کشور	Land, das	*kheschwar*
کشور بی طرف	neutrale Staat, der	*kheschwar be taraf*
کشور پادشاهی	Königreich, das	*keschwar pâdschahi*
کشور مستقل	unabhängige Staat, der	*kheschwar mostaqel*
کشور همسایه	Nachbarland, das	*kheschar hamsaya*

همسر /شوهر	Ehemann, Ehefrau	*schauhar / hamsar*
همکاری	Zusammenarbeit, die	*hamkâri*
همکاری کردن	mitarbeiten	*ham kâri kardan*
هندی	Hindi	*hindu*
هنر	Kunst, die	*honar*
هنردستی کار	Handwerker, der	*hunar dasti kâr*
هنرمند	Darsteller, der	*honarmand*
هورمن	Hormon, das	*harmoon*
هوشی	Intelligenz, die	*husch*
هوشیار	clever adj.	*huschjâr*
هیجان	Erregung, die	*hayedschân*
هیجان‌انگیز	spannend adj.	*hayedschân ângiez*
وابسته	angewiesen	*wabasta*
وارد	Import, der	*wâred*
وارد کردن	importieren	*wâred kardan*
واشکار	Klartext, der	*wâschkâr*
واقعیت	Fakt, der / das	*wâqijat*
واقعیت	Wirklichkeit, die	*wâqijat*
والدین	Eltern, die	*wālidain*
والی	Gouverneur, der	*wâli*
وحشت	Horror, der	*waschjat*
ورزش	Sport, der	*warzesch*
فرهنگ ،وزارت کلتور	Kulturministerium, das	*wezârat kultur / farhang*
وزارت معارف	Bildungsministerium, das	*wezârat mahruf*
وزارتخانه	Ministerium, das	*wezârat khâna*

وزن آهنگ	Rhythmus, der	*wâzan âhang*
وزیر	Minister, der	*wazir*
وسیله تولید	Produktionsmittel, das	*wasiel taulid*
وصل کردن	verbinden	*wasel kardan*
وضعیت فامیلی	Familienstand, der	*wasjat famili*
وطن اصلی / منشا	Herkunft, die	*minscha / watan asli*
وظیفه	Aufgabe, die	*vazifah*
وظیفه	Funktion, die	*wazifa*
وظیفه	Pflicht, die	*wazifa*
شناس‌وظیفه	verantwortungsbewusst adj.	*wazifa schneâs*
وظیفه ,مکلفیت	Verpflichtung, die	*mohkaliefat, wazifa*
وفاداری	Loyalität, die	*wafadari*
وفاداری	Treue, die	*wafadari*
وقت‌نشناس	Unpünktlichkeit, die	*waqt nâschnas*
وکالت	Mandat, das	*wakhlat*
وکالت	Vollmacht, die	*waukalât*
وکالت‌نامه دادن	Vollmacht erteilen	*waukalât nâma dâdan*
وکیل مدافع	Verteidiger, der	*wakil modâfe*
ویرانگر	destruktiv adj.	*wairan kâr*
یاد آوری	Mahnung, die	*yad âuwari*
یادداشت	Notiz, die	*yad dschat*
یتیم	Waise, die	*yatem*